U0856713

亲爱的日记 4

[美]邦妮·纽鲍尔(Bonnie Neubauer)◎著
唐奇 编译

(修订版)

中国人民大学出版社
·北 京·

“创意写作书系”顾问委员会

推荐序

开始写作时，你经常要思考和处理棘手的问题。当然，如何写出完美的场景、抓人的对话，或者成功塑造精彩的人物，答案就藏在你心里，只要你足够集中精力就能找到。不过遗憾的是，当我们在写作中卡壳时，老办法常常让我们陷入沮丧。

幸好，无论你是在写作中卡壳还是感到厌倦，《会写作的大脑》都是突破写作瓶颈的完美解药。这套书提供了400个异想天开的探究式创意写作练习。当我开始做这些练习时，我正好有一本小说的创作陷入停滞。当我卡壳时，我经常质疑自己写作技能的方方面面：我写不出小说，是因为我不够好，我懒惰，我缺少灵感。但是当我允许自己享受游戏的乐趣，我的写作引擎又开始运转了。

《会写作的大脑》不需要你呕心沥血。这些包罗万象的练习，就像是在跟感官和智慧玩游戏，在做练习的过程中，相信你会跟我一样，常常忍俊不禁，一身轻松，沉浸在故事创作中。邦妮·纽鲍尔的练习唤醒了写作的魔力，而很多时候这种魔力在日复一日的生活中消失了。

我们中许多人都是习惯的奴隶，因为我们不知道还有别的方法。但是这本书能帮助你恢复创造力，从头到脚焕然一新。每一页都鼓励你用不同的方法去写作。无论你是在不同的形状中写作、尝试全新的比喻，还是用回忆中的零星片段创作故事，纽鲍尔都提供了你自己可能意想不到的灵感。每一页都让人心痒难耐。

巧妙的双关语和新鲜的比喻能够激活在平时的写作中你大脑中不活跃的部分，你会感觉焕然一新，（以有趣的方式）直面写作中令人兴奋的挑战。我们经常把灵感看得过于重要，仿佛它像闪电一样强大而稀有。这些练习将摈弃这种观念，唤醒令人惊喜的素材储备，它们一直都在那儿，等待着被发掘，只不过你没有意识到。

而且，这本书的视觉效果令人赏心悦目：鲜明的色彩和形状、并置的诗歌和乐曲，能够同时对你大脑的两个半球产生刺激。

这本书提醒我们，有时候最认真地对待写作的方式正是别那么认真。相反，我们需要冒险涉足那些不熟悉的路线和区域，把创造力从藏身之地找出来。

我打赌，你只要尝试一个星期《会写作的大脑》中的练习，就不会再像从前一样写作。继续重复自我是不可能的。

你还在等什么？来吧！

乔丹·罗森菲尔德

中文版序

欢迎打开《会写作的大脑》!

我叫邦妮·纽鲍尔，先让我通过一个故事来介绍一下自己：当我年轻时，我挺恨写作的。一说要写作文，我总是会尽可能拖到最后一分钟，还经常为此哭鼻子，因为我实在不知道要写什么。我的脑袋空空如也，活像个灌满了空气的气球。如果我真的是个气球，我大概会选择飞走，那样就不用写作文了。可惜我是个按时交作业而且成绩优秀的好学生，因此，我只能咬着牙应付交差，每次写完作文都感觉如释重负。

我对写作的厌烦一直延续到了大学期间，让我们快进十几年，直到有一个星期，我去替邻居看家。我负责照管的植物就放在书架顶上。浇水时，我无意间扫了一眼书架上的书名。这么抽出一本书来看，似乎有点像偷窥，但是我太好奇了。这其中最吸引我的，是关于创意写作的书。我坐在地板上开始阅读。其中有一本书，在每章末尾都有一个写作练习，这些练习很有趣，让人迫不及待地想要回家一试身手，于是，我就放下喷壶走掉了。(别担心，我先浇完了花。)

从那天起，写作带给了我巨大的快乐。从感谢卡、桌游规则到书籍，我满怀热情、全心全意地写作每一样东西。我还开办了数百次写作训练营，让各个年龄段的人围坐在一起，一起写作和分享。这本书就包含了来自这些训练营的练习中的精华。

那么，在我浇花的那个决定命运的下午，究竟发生了什么？这也会发生在你身上吗？

起初，我认为那本书的作者只是让写作看起来很有趣，从而吸引我去尝试。多年以后，我开始发现事情远没有这么简单。让写作变得有趣的第一步是创造一种不加评判的轻松氛围。我希望《会写作的大脑》做到了，你觉得呢？

你会发现，本书开头给出的规则将使你忘记语法和标点，如果你愿意，违反这些规则也没关系。《会写作的大脑》正是用这种方法邀请你参与这次冒险之旅的。

必须有一个自由的环境，让你抛开条条框框。正如我的一个作家朋友所说，刚开始动笔的时候不妨告诉自己："这是练习，不是杰作。"每当我发现自己为最终结果而担忧时，这句话就像咒语一样在我耳边回响，提醒我回到文字游戏中。我希望这种说法也能在你最需要的时候帮助你。

最后一步是这本书的真正任务：邀请你加入我的游戏，让你享受过程、磨练技巧、练习用文字填满

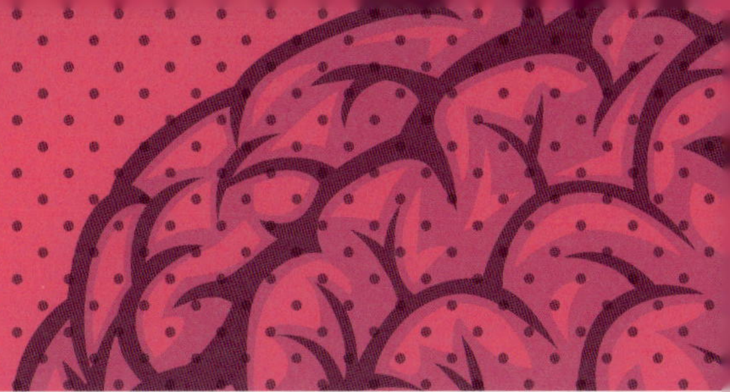

页面。通过这本书起步很容易，因为你不会从空白页开始。空白页提供了太多的可能性，也常常因此扼杀了所有可能性。无论哪种情况都令人望而生畏。在《会写作的大脑》中，通常至少会给你一个开头，指明方向，帮助你开始。在许多练习中，你要回答问题、填空或者从个性化的选项中进行选择。

让写作变得有趣的一个重要因素是找到意想不到的主题。大多数人不会早上醒来就想："今天我要在一个风筝形状的方框里写一个故事"或者"今天下午我要用一个合唱队领唱的视角写作"。通过给你以前没有想到过的提示，你的写作会焕然一新，会有很多灵感争先恐后地涌出来，跳到纸面上。不会有任何预设和期待来妨碍你。

定一个十分钟的闹钟，不间断地写作，是绕过你内心的批评家的最好方法。我唯一强调的规则就是不要停笔，直到你写满一整页或者设定的时间到了。

在游戏中，你会从不同的视角写作（超级英雄、卡车司机），用不同的声音说话（嘶哑的长颈鹿、某地的方言），体验不同的情绪（惊吓、欣喜），去往不同的地方（2121年，美国艾奥瓦州的一个农场），试验和探索不同类型的写作。你就像走进了一间魔幻试衣间——前一刻你刚戴上一顶牛仔帽，下一刻就变成了一架摄影机，然后马上又在跟人比赛大眼瞪小眼。

尝试新点子和新技术会让你成为冒险家，勇敢地走入未知的领域。当你面对未知，好奇心达到顶峰，文字就会自然而然地从心中流淌出来。你会真正置身于让写作变得有趣的环境中。

为了帮助你进一步精进技艺，所有的练习都在同一页上提供了一个额外的迷你提示，叫做"下一步"。它们将帮助你发现一天中什么时候最适合写作、你的偏好是不是从个人回忆中寻找素材、限时写作是不是你的菜、取个笔名能不能给你自由，或者你喜欢以何种视角来写作。

为了保持惯性，我建议每天至少做一个练习。悄悄告诉你一个小秘密，只要你定期练习，你的写作就真的会进步。很神奇吧？你很快会意识到，不必等到缪斯女神出现在你身旁再开始写作。只要经常写作，你会发现缪斯女神无时无刻不在你身边，等着你坐下来，拿起笔。

这本书有几种使用方法。你可以从头开始，按顺序进行，就像你在纸上写作时一样。如果你选择这种方法，练习的顺序能够保证你不会重复遇到相

同的类型。这是因为，如果某个类型的练习不对你的胃口，你可能会失去兴趣，停止写作。这是我们最不愿意发生的事。

另一种方法是随便翻开一页，给自己一点惊喜。如果你是个视觉动物，可以把书翻开，让插图指引你找到最吸引你的一页。但是请不要提前阅读练习的内容然后挑挑拣拣。这会让你误入判断的歧途，扼杀自发性。

经常有人问我是怎样设计这些练习的。在很长一段时间里我都是这样回答的："只是偶然间想到的。"但是后来，一个朋友无意中看到了《会写作的大脑》第一版，兴奋地给我发来电子邮件，并告诉我他非常高兴通过这些练习了解到我的生活经历。那一刻我才意识到，创意公式的确是存在的。那就是1+1=3。（小心，别让你的数学老师知道我是这么说的！）意思是，我把两种不同的经历、喜好或选择（1+1）加在一起，一件新东西就出现了。这第三件东西就是练习。

这本书中的练习可以在许多方面帮助你：如果你有作文作业却不知道要写什么或者从哪里开始（我曾经就是这样），这本书能帮你迅速解决问题。如果你已经爱上写作，想要尝试某些新创意、新方法，这本书能为你增添活力。如果你认为已经发现了创意写作的乐趣，但是还在犹豫要不要开始，别担心，这本书会给你鼓励。如果你感觉遇到了瓶颈，每天做几个练习，到第三天你就能找回写作的感觉。如果你是一名教师，需要为课堂和家庭作业找点灵感，这本书中的练习方便又有趣，学生们都会喜欢的。

无论是什么机缘让你找到了这本书，我都希望它能点燃你灵感的火花，让你享受练习带来的乐趣，就像我为你创造它们时一样。

引言

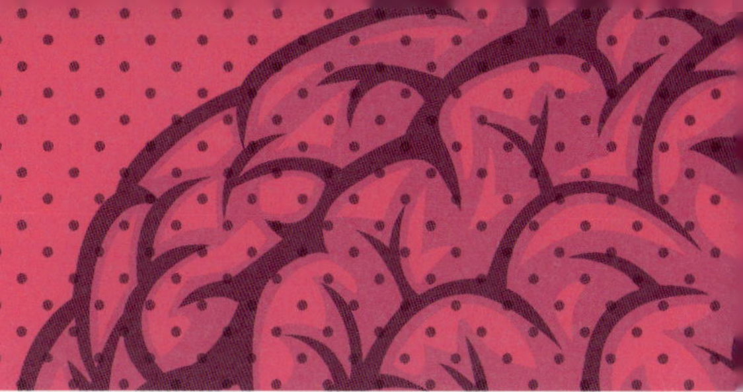

朋友们，你们好！我是邦妮·纽鲍尔，欢迎打开《会写作的大脑》。这本书跟其他的创意写作书籍不同，你不必花时间阅读关于写作的知识。相反，你将直接投入写作。跟着这本书，你只需要一支笔和每天10分钟，就可以在家加入这个写作训练营了。

这本书里的所有练习都是为了让你开始写作并坚持下去而设计的，因为你写得越多，就写得越好。随着大量的练习，你会看到自己的进步。我向你保证，整个过程中你不会遇到可怕的空白页——每个练习都给了你一些素材：一段开头、一个结束句、一系列要使用的词汇、一个通过填空塑造的人物……

当你翻阅这本书，你会注意到每一页上都有赏心悦目的色彩和图案。这要归功于（美国）作家文摘出版社了不起的设计团队。我要特别感谢他们，因为在艺术方面，我只会画粗略的简笔画。

如果你想知道这本书是为谁准备的，好吧，它完全适用于9~16岁的青少年，只要你愿意尝试写作。不管你是一提起笔写作文就头疼的“写作恐惧症患者”，还是想进一步提升自己写作能力的大朋友，你都会发现这本书令人大开眼界。如果你刚好遇到了写作卡壳的状况，这本书中的练习也是理想的解药，它们能让你抛弃先入为主的观念，鼓励你写出意料之外的主题。这些练习也是你投入“真正的”作品之前的完美热身。如果你有写日记的习惯，你会感觉非常适应，因为许多练习用的都是个人经历。如果你是个创意写作训练营的粉丝，你再也不用等待下次训练营了。你可以自己在家做练习、度假时做练习，甚至创建你自己的写作小组，跟朋友们一起做练习。加上一点编辑和润色，你可以把很多练习的成果变成故事、诗歌、文章，甚至长篇小说，向出版社投稿。

你会注意到每一页上都有叫作“下一步”的附加练习。这些练习能帮助你更加了解自己的作品，探索自己的写作过程。这些简单的指导可以直接用在你的其他作品中。

有些页面上有这个符号：↻。表示这个练习可以重复进行。记住这些页面，以后再回过头来看。

本书每一页均标注了两种页码，内侧为中文版页码，外侧为英文原书页码，方便读者查阅。

这本书还特别适合家长和孩子一起写，如果你的孩子一提起写作就头疼，总是不知道写什么，或者怎么写都干巴巴的，无法打动人，你可以让他试试这些练习。如果一起写，你会收到不一样的效果，信不信？孩子有一颗更具创意的大脑。

这本书也经常会受到语文老师的青睐，他们适时地选用一些练习，或者每天安排固定的时间在班级内一起写，然后每周安排分享。不得了了，他们发现那些最不

爱动笔的孩子也停不下来，每次分享都会笑声不断，一个个孩子变成故事大王，写作能力慢慢地提升超越。

再说最后一件事，我就放你去写作：创作这本书时我过于热情高涨，出版社不得不删减了一些练习。当他们看到我对此有多么懊恼，他们慷慨地提出为所有购买这本书的读者提供在线访问这些额外练习的途径。网址是www.writersdigest.com/write-brain-workbook-revised。

在下一页上，你会看到一些本书中练习的基本规则和指南。如果你不想遵守规则（就像我一样），那么规则就是为了让你打破的。无论怎样，是时候翻开这本书、开始写作了。

希望你享受这本书中等待你的写作大冒险。开始写吧！

邦妮·纽鲍尔

附注：特别感谢参加过我的写作训练营的朋友们，以及购买了我的创意写作书籍和故事轮盘的孩子和教师们。你们对写作的热情和投入深深地感染了我。

规则

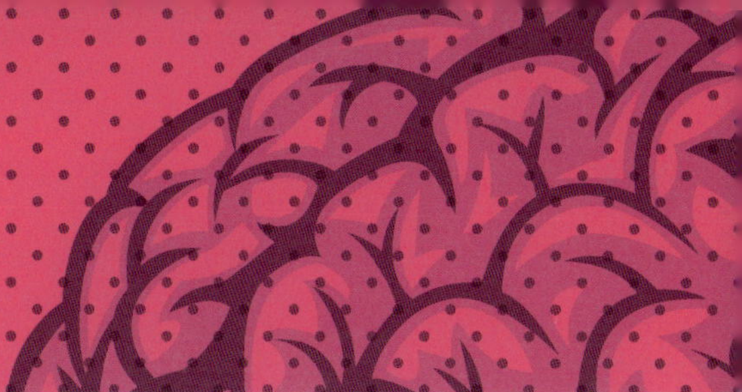

这里是本书中练习的基本规则和指南。

· 坚持写作：这是保持写作动力的最佳方法。不要停下来，坚持写，勇往直前。如果你遇到了瓶颈，不知道接下来要写什么，重复最后一个字，直到新东西开始浮现。通常最后一个词是“然后”。那就写“然后，然后，然后……”很快你会写出“我已经厌倦然后了。我还厌倦……”然后你就可以接着写下去了。

· 不要编辑：编辑是左脑的工作，会让你失去动力——这些练习都是为了右脑设计的。不要往回看，删除或者修改文字。如果你想不出一个特定的词，画一条横线，然后接着写。最后，横线会提醒你还需要找一个词。不要担心拼写或语法（向所有的语文老师道歉），以后有的是时间做那些。只要你能读懂自己写的东西就行。

· 放飞自我：不要担心最终结果。允许自己随心所欲地写。不要限制自己。你不需要把作品给任何人看，跟你的灵感和文字自由嬉戏吧。

· 要具体：用你所有的感官来描述事物。用嗅觉描述一台电脑，用味觉描述一辆出租车。要让读者记得你的作品，最好的办法就是具体：不要写“玩具”，要写“少了一条胳膊的蝙蝠侠玩偶”。如果你发现当你试图写得具体时，你内心的编辑出来捣乱了，立刻放弃这条规则。

· 当你写作时，感觉骄傲：这些写作练习的目标就是写满一整页。当你这样做时，让自己为这项成就感到骄傲。享受这种感觉，并且带着这种势头尽快再次投入写作。不要否定你的作品，或者拿它与其他人的作品相比。否定和比较会扼杀动力，是前进道路上的拦路虎。在所有的规则中，这一条无疑是最重要的。

现在，开始练习吧……

感谢Gil，我的宝贝，永远爱你。

目录

没有如果

在你的故事中不要使用这些词：

冷	冰	冬天
寒战	冻雨	严寒
雪	疾风	颤抖

这样开头：

我们中午到达北极，马上就到30英尺厚的茫茫白雪中去冒险了……

下一步

填空。

如果我______，我会写______。

如果______没有关系，我会写______。

如果我肯定能______，我会写______。

假设未来24小时里，其中一种说法是真的。现在尽情写吧！

勇往直前

沿着连续的线一直写到头，一边写一边旋转这本书。

这样开头：

一开始只是随便转转……

下一步

你最近见到或者与之交谈的人是谁？如果你要"走他们的路"，你会写什么新东西？你能把其中一个点子变成一篇文章吗？

影子的形状

写到给出的词语时用上它们。这样开头：

影子通常吓不到我……

棉花糖

杧果

牛奶

泥巴

樟脑球

貂皮

下一步

如果写作就是一个字接着一个字地写在纸上，就像走路就是两只脚交替向前一样……那么什么样的影子会让写作变得可怕？

听起来像……

B C D G J K L O P R T W X Y

根据上面这些字母的读音写出对应的汉字，如果没有，写出以它为拼音首字母的汉字。

这样开头：

我们按照字母表的顺序……

下一步

有时候字母表还不够用。许多艺术家用符号来签名。创造一个符号，代表你的作家自我。如果你会画火柴人，你就能做这个！

大多数车牌号是由三个字母和三个数字组成的，比如HSH158。在这个练习中，用这三个字母作为你故事开头三个字的拼音首字母。比如：好说话的人……在故事中某处用上三位数字158。比如：一项研究表明，善良的人更容易说"是"，比平均水平高158倍。

从这里开始：

H　　　　　　S　　　　　　H

005/305

下一步

太好说话（比如承担过多责任或者完美主义）可能有副作用，导致自毁。现在对你自己好一点，写下所有你希望从自己和他人那里得到的、对写作有帮助的东西。然后告诉某人你想要什么。这样做会非常放松。

钟声为谁而鸣

写完这个故事。这样开头：

工厂的钟声……

下一步

钟声意味着一天工作或学习的结束。如果你享有完全的自由，你会如何度过自由之夜？在心里那样做。写作是一种逃亡，能够带你去到实际上去不了的地方。

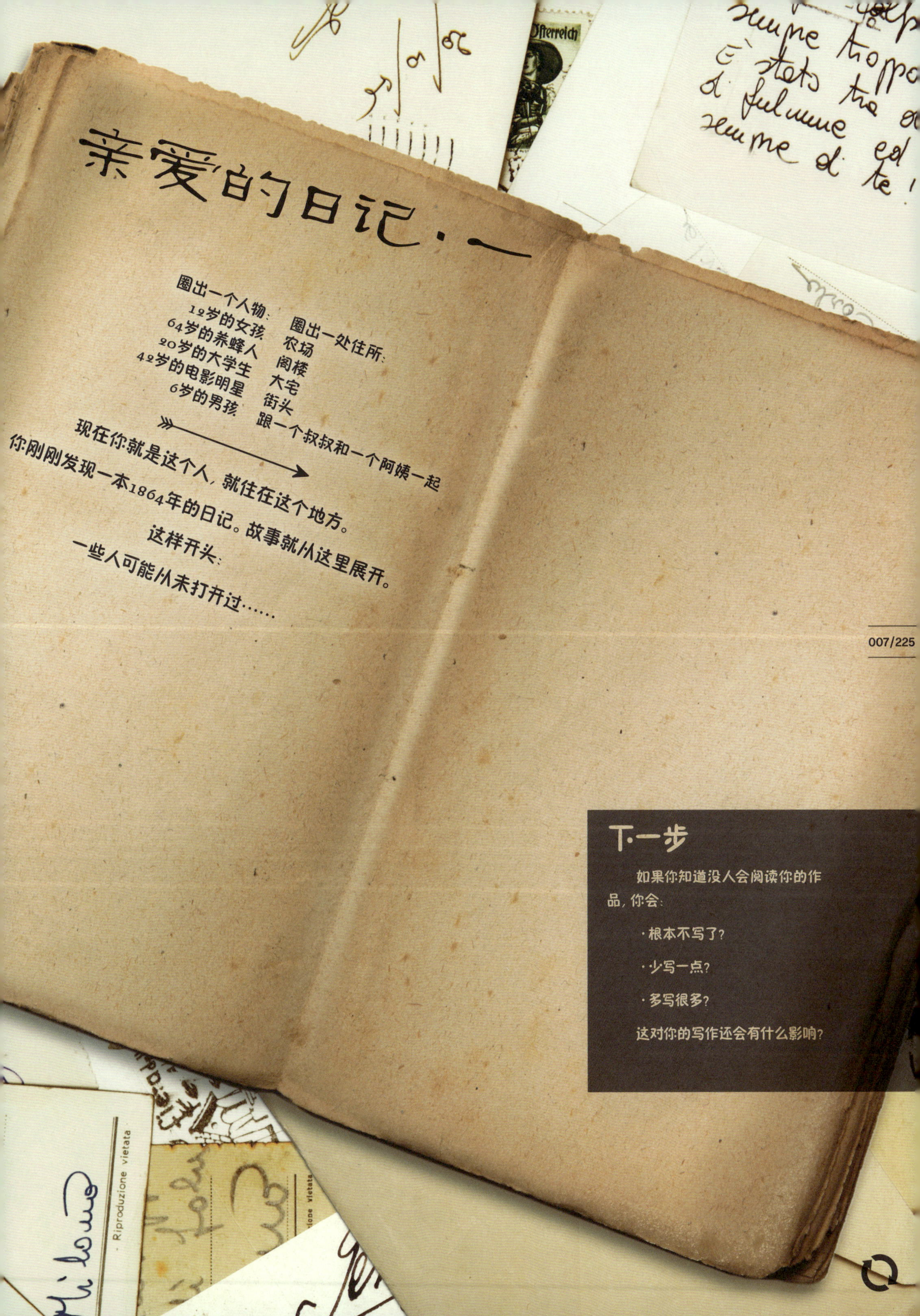

亲爱的日记：

圈出一个人物：
12岁的女孩
64岁的养蜂人
20岁的大学生
42岁的电影明星
6岁的男孩

圈出一处住所：
农场
阁楼
大宅
街头
跟一个叔叔和一个阿姨一起

现在你就是这个人，就住在这个地方。
你刚刚发现一本1864年的日记。故事就从这里展开。
这样开头：
一些人可能从未打开过……

下一步

如果你知道没人会阅读你的作品，你会：

· 根本不写了？

· 少写一点？

· 多写很多？

这对你的写作还会有什么影响？

教练

回想一个你认识的体育老师或健身教练。将这个人作为原型，不过可以随意润色，添加这些特征。

体型：____________________

走路姿势：____________________

通常的穿着：____________________

突出的面部特征：____________________

压力下的反应：____________________

体育之外的爱好：____________________

你现在就是这个人。这样开头：

钟表滴答作响，时间快到了……

下一步

有时候你无法控制最后期限，无法保证多个项目不发生重叠——但你总是可以控制自我管理的方式。写下一条咒语，下次时间不够用时对自己重复。把它背下来，下次时限临近时你就不用紧张了。

拟声词

拟声词是模拟物体或行为的声响而造的词汇。这里有一长串例子。你可以自由增加你自己的拟声词!

乒、乓、哧、唰、哗、轰、嘭、砰、嘘、咻、飕、当、叮、吱、啪、乒乓、扑哧、扑通、咔嚓、咔嗒、滴答、叮当、布谷、知了、哧溜、啪嗒、哗啦、呼噜、噼啪、轰隆、喵呜、呼啦、啁啾、吱呀、呼呼、吧嗒、啪叽、咕嘟

现在,用埃德加·爱伦·坡(Edgar Allan Poe)的短篇小说《泄密的心》(*The Tell-tale Heart*)的第一句话开头,写一篇你自己的故事,用上尽可能多的拟声词。

对!——我神经过敏,非常,非常过敏,十二万分过敏,过去是这样,现在也是这样,可您干吗偏偏说人家疯了呢?

____

____

____

____

____

____

____

____

____

____

____

____

____

____

____

____

____

下一步

另一个可以随时随地进行的写作练习就是倾听周围的声音。写下这些声音最先让你想到的事。

- 钟表的滴答声:______________________
- 磨牙声:______________________
- 气球爆破声:______________________
- 雨水打在屋顶上的声音:______________________

圆满结局

用页面下方的最后一句话作为你故事的结尾。

他再也没有见过她，也不知道她告诉他的是谎言还是真相。

[出自莫泊桑（Guy de Maupassant）的《一次会面》（*A Meeting*）。]

下一步

把这本书往回翻，确保你没有对自己说过谎。

射击练习

当你写作时，努力瞄准你的目标读者。为这篇作品选择一种目标读者：孩子、少年、青年、老人；男人或者女人。现在使用给出的开头，专门为他们写作。

我的目标总是……

下一步

列出你未来打算创作的对象清单。把每一个对象写在一张纸条上（像幸运饼干里的小纸条），放在一个罐子里。如果你正在创作的国度里漫无目的地逡巡，从里面抽出一张，它会为你指明方向。

自造词

下面有四个网络语言中的自造词：

然并卵　城会玩　不明觉厉　火钳刘明

在故事中用上这四个词。这样开头：

他努力让自己……

312/012

下一步

有没有励志的网络流行语可以激励你的写作？

把它挂在你的墙上，经常看一看！

我怀疑他的目标非常坚定……

下一步

下次你拿起这本书时，放松、微笑——给自己一个大大的微笑。写作时保持住这个笑容。你觉得你的作品会发生什么改变？明天，回头检查，看看你猜得对不对。

斜坡和胁迫

从这一连串的词语开始自由联想。写满这个区域，让一个词引出下一个：苏打、泡泡、打嗝。

现在从你写下的词语中选出三个，用在一个故事中。故事的名字叫作“斜坡和胁迫”。

下一步

你在做这本书中的写作练习时，通常感觉是在一种受胁迫的状态下吗？真正激励你写作的是什么？（不要停留在表面的答案上。）

明天写作时思考这个问题。

小段落

这是一个记录记忆碎片的机会。使用给出的开头。

我记得恼人的……

我记得走过……

我记得开车……

我记得乞求……

我记得吹牛……

我记得分开……

下一步

需要练习快速写作时，你总是可以从“我记得”“我想要”“我看见”“我感觉”开始。再写出一些未来可以使用的简短开头。

在这页纸上画一棵树。想象你坐在草地上（这部分我已经提供给你了），靠在树上。回答下面两个问题。

我闻到：______________________

我听到：______________________

现在在你的树上画一个树屋。想象自己爬上去。（画一架梯子，或者赋予自己超能力！）现在想象你在树屋里。这是专属于你的写作训练营。因为它是想象出来的，你想要多大它就有多大。继续在想象中装饰它，加上一些你喜欢的东西。现在坐下来（如果需要就加上座位），在家外之家放松自己。是时候回答下面的问题了：

我看到：______________________

我感到：______________________

在这里，我想写：______________________

现在就写！对，就在这里。就是现在。

下一步

想象你在树屋中，创意层出不穷，你的脸上会是什么表情？如果你能把你的树屋记在心里，无论你走到哪里，脸上都会是这副表情。试试看。

夜行动物

写完这个故事。这样开头：

他在夜里出没，像一只……

下一步

闹鬼的房子是绝佳的故事背景。列出你知道的适合作为故事、书籍和文章背景的地点。选择一个，现在就开始写。

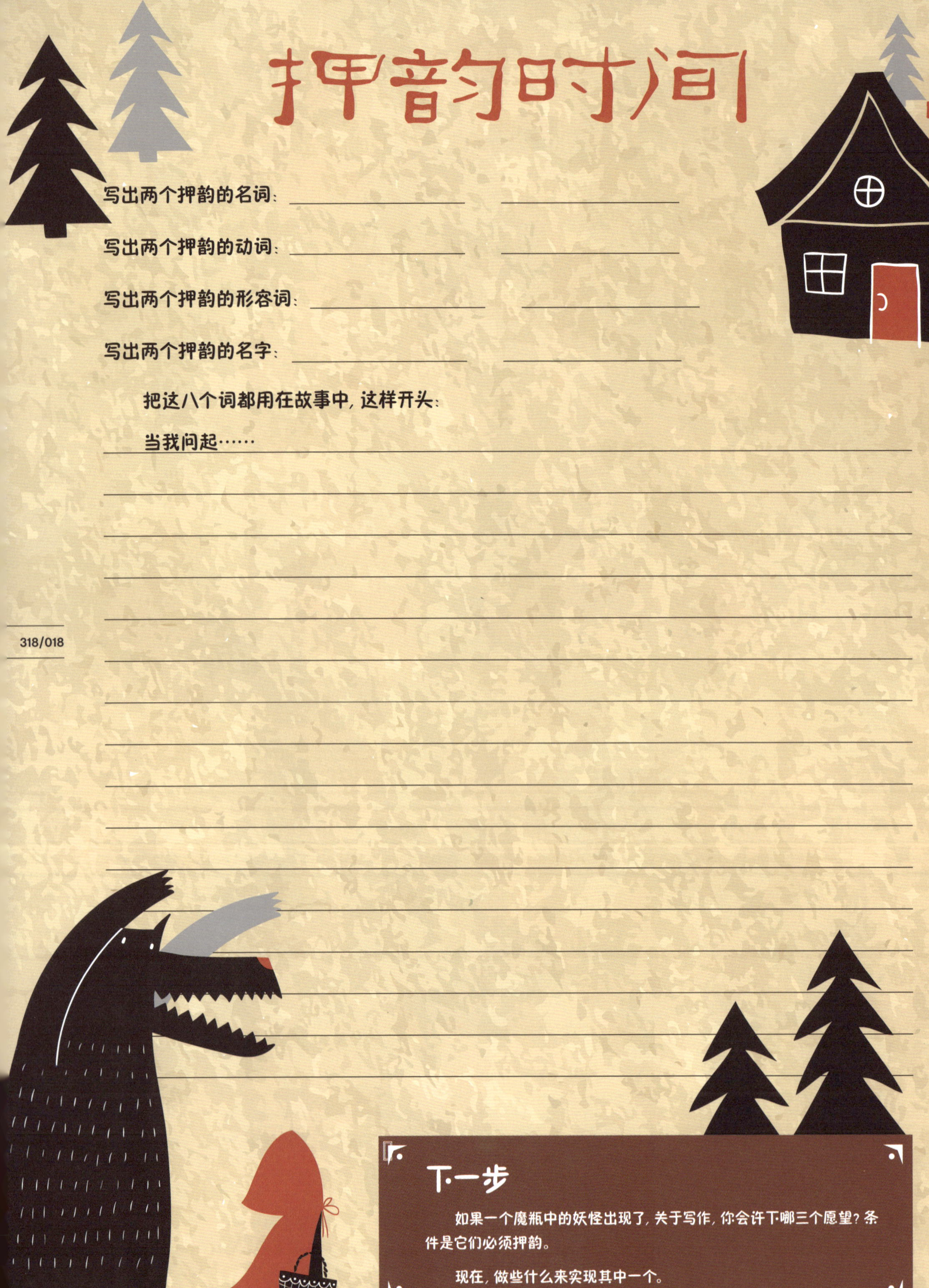

押韵时间

写出两个押韵的名词：________ ________

写出两个押韵的动词：________ ________

写出两个押韵的形容词：________ ________

写出两个押韵的名字：________ ________

把这八个词都用在故事中，这样开头：

当我问起……

下一步

如果一个魔瓶中的妖怪出现了，关于写作，你会许下哪三个愿望？条件是它们必须押韵。

现在，做些什么来实现其中一个。

三个愿望

写满整页纸。这样开头：

他希望……

下一步

我婆婆（我从没见过她）总是说："一个好消息，一个坏消息。你要先听哪一个？"今天，采取行动来实现一个愿望。写下这个愿望。写下你要采取的行动。现在就去做吧！

纯属虚构

为“囡达巴”这个词写一条词典上的释义。根据你虚构的定义，把这个词用在你的故事中。

这样开头：

叫声非常响亮……

（“囡达巴”的定义：南非原住民的会议。）

下一步

如果你要举办一次写作研讨会，你会邀请谁？你会问他们全体什么问题？现在自己回答这个问题。

记号

使用给出的开头，在整页纸上写作，包括背景中的字母X内外。写到黑点的位置时用上它们。它们可以是你用来说明故事的插图的一部分、弹孔，或者句号。让想象力带你出发吧！

我以前……

下一步

如果你非常非常仔细地去看，这页纸上的图案和文字都是由微小的圆点组成的。试试用小圆点拼出你要写的一篇作品的题目。

选一个字母

本页上散布着一些字母，写到出现的位置时，用它们作为那个字的拼音首字母。让你的作品带有一定的自传性质，但是可以随心所欲地充实其中的内容。这样开头：

几乎每年同一时间……

f

h r

x

y p

b f

c n

c

j t w

m

l

e

d

y o

g

z

a e

y o

c r

s g

下一步

在你家里，电脑文件、手稿和打印稿像本页上的字母一样四处散落吗？还是全部整理得井井有条？你今天能做一件什么事来表现你对写作的忠诚？就这么做。然后看看这如何反映在你的写作中。

你能相信吗？

写完这四段短文。开头已经给出了。

真不敢相信，我竟然害怕……

真不敢相信，我被威胁了……

真不敢相信，她从来没有告诉我……

真不敢相信，已经过了这么多年……

下一步

有时候很难记住我们完成的所有作品。现在花几分钟，记下自从开始看这本书，你完成的所有写作练习之外的作品。再小的东西都算数，不过不要罗列日常事务。在一个领域的努力往往会延伸到其他领域。保持这种动力！

父与子

你是一位父亲，刚刚发现车子被撞瘪了一大块。马上去找你正值青春期的儿子。

这样开头：

我注意到……

下一步

一种通过头脑风暴创作故事的好办法是从这些问题开始：

如果 ______ 生活会是什么样？

如果 ______ 会发生什么？

填空，然后回答其中一个你刚刚创造的问题。

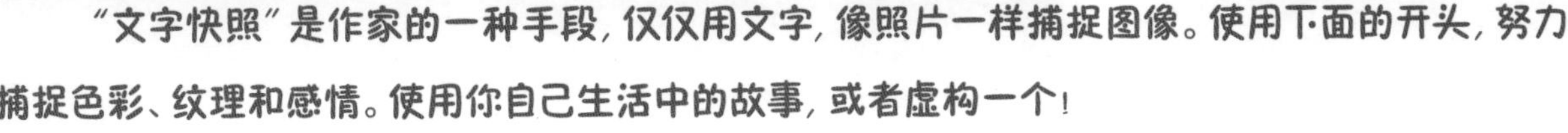

快照·一

“文字快照”是作家的一种手段，仅仅用文字，像照片一样捕捉图像。使用下面的开头，努力捕捉色彩、纹理和感情。使用你自己生活中的故事，或者虚构一个！

城市假期……

孩子们在玩耍……

跳舞……

战争……

下一步

选出六段关于五月的回忆。把它们作为你未来写作的灵感。

集邮爱好者

你是个集邮爱好者。你遇到了自己喜欢的人，与她约会。你表现得尽善尽美，可约会还是不成功。讲述这个故事。这样开头：

我希望能让时光倒流……

用“集邮没什么用”作为故事的结尾。

下一步

如果你像一个集邮爱好者对待他的邮票收藏那样对待写作，会有什么不同？下次写作时试试这种方法，看看会有什么不同！

给主厨的调味品

蛋黄酱
芥末
泡菜
番茄酱
辣椒
味精
酱油

在一篇文章中用上所有这些词语。这样开头：

他的音乐品味……

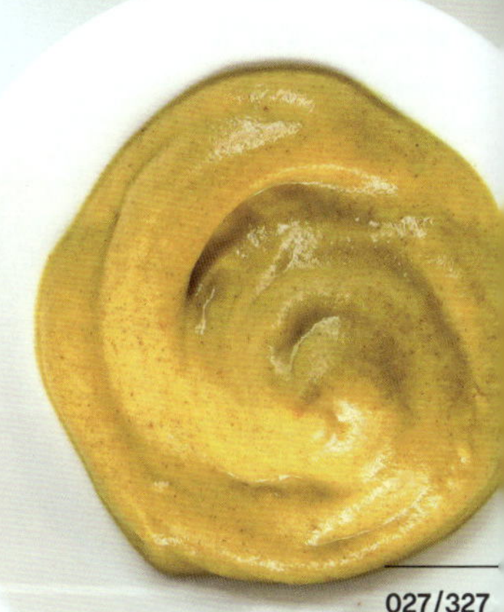

下一步

要制作俄式调味酱，就要把番茄酱、蛋黄酱和味精混合起来。你能不能把三篇未完成的作品组合成一篇完整的新作品？

炉火中烧

详细描写你最喜欢的绿色的东西：

现在从这段描述中圈出五个最吸引你的词，把它们用在一个故事里。这样开头：

小矮人给我带来……

下一步

就表现力而言，色彩和缺乏色彩都有效果。做个试验，拿一支铅笔，把一张白纸涂黑，然后用橡皮写作。

妙趣横生的口音

选一种你喜欢的口音。用这种口音来写作。按照读音选择相应的汉字。比如说河南口音，“生命”就是“绳命”，“精彩”就是“井猜”。这样开头：

我到达的时候……

下一步

想到你喜欢的词会让你开心。或许是因为它们的读音、字形、对你生活的隐喻，或者是因为纯粹的力量。把它们写下来，使用它们。它们对你的读者也会产生同样的影响。

我不知道……

上下颠倒!

在这个练习中，换个角度，把书倒过来拿。使用给出的开头。

下一步

如果你不知道成功的滋味，当它真正到来时你怎么能意识到并且尽情享受呢？（成功可能现在就在发生！）写出对你来说，成功是什么样子。

冰箱通讯员

第一部分：使用冰箱上给出的开头，直到写满整个冰箱。每块冰箱贴上只能写一个词。写完后，阅读第二部分的指示。不许偷看！

第二部分：把所有冰箱贴上的词写在下面的横线上。然后阅读第三部分的指示。

第三部分：使用第二部分中的20个词写一首诗。把它贴在你的冰箱上，让所有人都能看到。

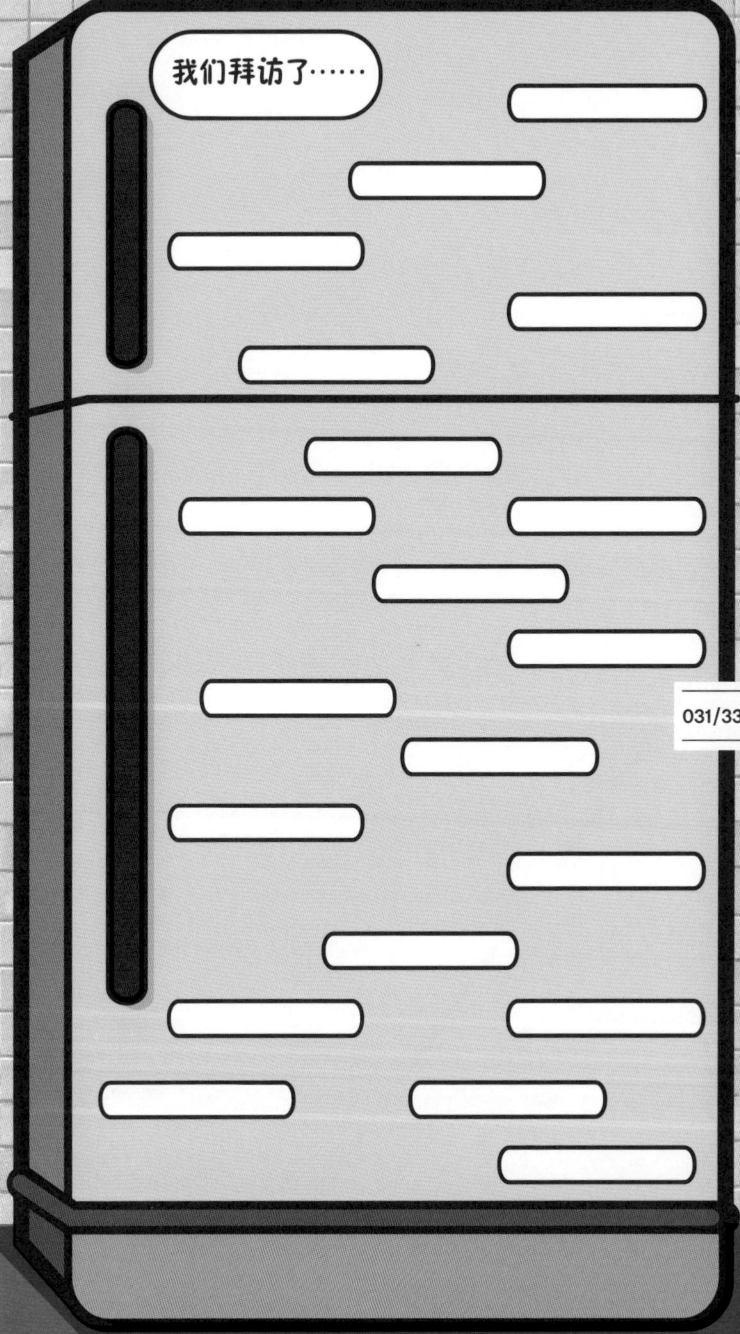

下一步

还想再做一遍？复印这页纸，把所有冰箱贴的地方剪下来。把这张纸放在一篇你已经完成的作品、报纸文章、书籍或电子书上。把洞中露出来的词抄下来。（为了得到完整的词，可能需要稍微移动模板。）然后用这些词写一首诗。把模板倒过来，可以得到另一组词。把模板上的洞挖得大一点，露出短语也很有趣。

斗风筝

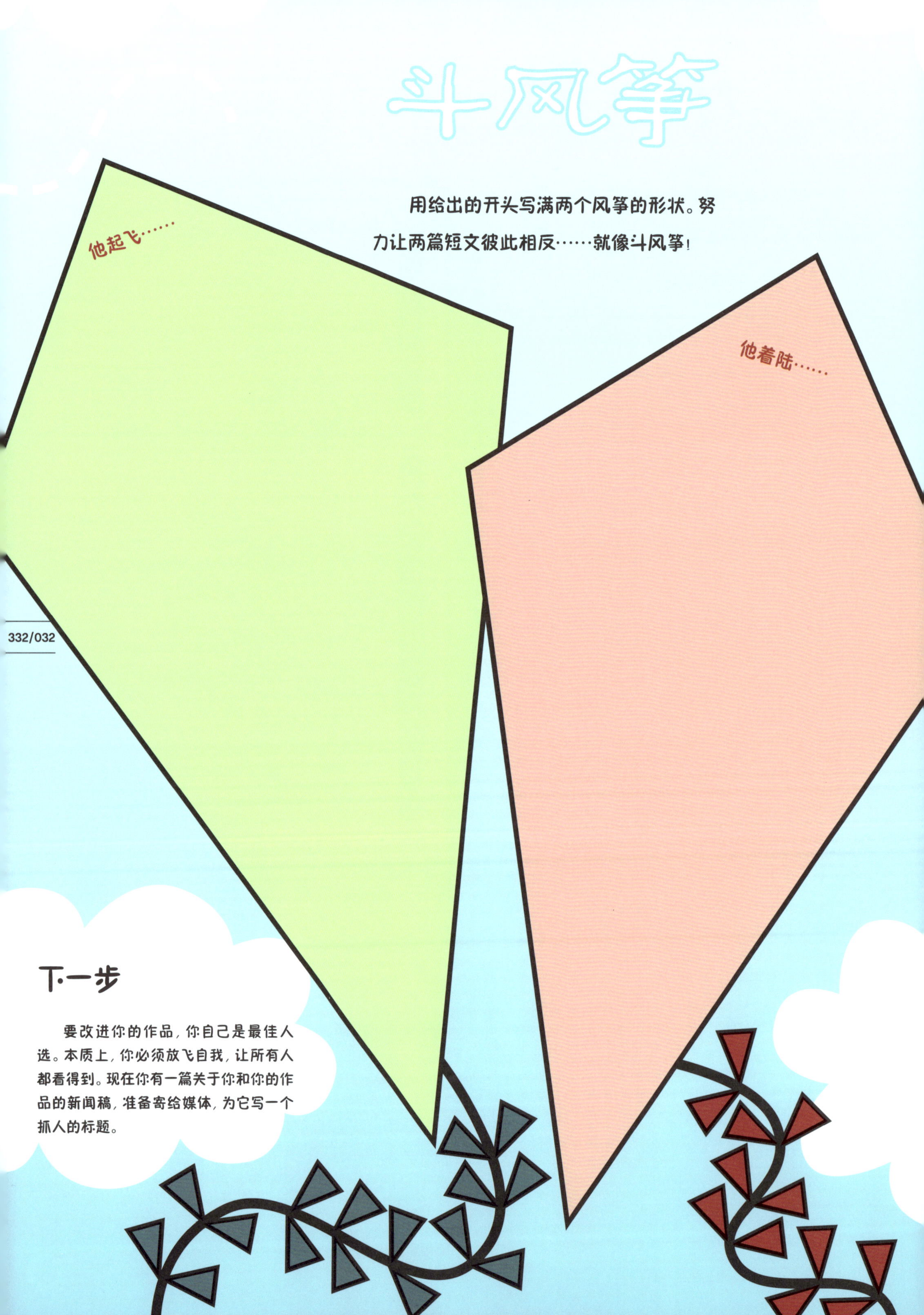

用给出的开头写满两个风筝的形状。努力让两篇短文彼此相反……就像斗风筝！

下一步

要改进你的作品，你自己是最佳人选。本质上，你必须放飞自我，让所有人都看得到。现在你有一篇关于你和你的作品的新闻稿，准备寄给媒体，为它写一个抓人的标题。

"引文开始，引文结束"

在文章中某处用上这句引文。这样开头：

我讨厌那种质感……

下一步

翻阅书籍，或者上网搜索，找一句激励你写作的名言。把它写在这里，再拿一张纸抄下来。

随身带着它，直到你能够背下来。然后把这张纸送给另外一个能够从中获益的人。让他记住它，再传给下一个人。

同学会

两天前的晚上你做了一个梦，梦见双胞胎来参加高中同学的15周年聚会。这很奇怪，因为你高中毕业才5年。更奇怪的是，今天晚上你在超市遇见了他们中的一个，他叫出了你的名字。写完这个故事。这样开头：

“你好，旺达，最近怎么样……”

下一步

关于写作，你喜欢的是什么？让你获得满足感的是什么？

六合之内

别动地方，写下你视线之内的一件事物：可以是行为、人、物品、质地或者情绪，等等。然后重复，直到写满六件。

第一件：

第二件：

第三件：

第四件：

第五件：

第六件：

现在把这六件事物用在一篇作品里。这样开头：

突然之间……

下一步

如果你总是要求缪斯女神突然出现，是很困难的。关于写作的时间和地点，制造一点仪式感会有帮助。或许是开始写作时点燃一根蜡烛，完成后吹灭它。设计一种对你有效的仪式。

著名开头

写完这个故事。这样开头：

有一天——这话可早了，那个时候我还只有九岁，人世间还满是好东西，人生还是一个可爱的神秘的梦境——有一天早晨四点钟的时候，我的堂兄摩剌德，除我以外谁都当他是疯子的摩剌德，来到我的卧房的外面，敲敲窗户，把我闹醒。

［这是威廉·萨洛扬（William Saroyan）的《我叫阿拉木》（*My Name Is Aram*）的开头。］

下一步

开始一个新的写作项目，让你兴奋的是什么？让你害怕的是什么？列出一些方法，每次都可以把这种恐惧变成兴奋。

不，不要发夹

写完这个故事。这样开头：

那时候我们都有头发……

下一步

我的头发总是像一座需要修剪的花园。如果你的写作是一座花园，你会清除什么？种下什么？

疯狂实验室

这个练习跟第一册中的“疯狂实验室”一样，只不过反过来。不是在空白处随机填词，而是围绕下面随机给出的这些词写个故事。首先，如实回答括号中的问题，在横线上写出你的答案。然后从给出的开头开始写作。写到你填写答案的地方时，把它用在故事里。记住：不一定要使用词语本来的意思。例如：“大富翁”是你喜欢的游戏，但这个词也可以指真正的有钱人。一直写到底。

（一本书的名字）

阅读……

（一个有民族特色的姓）

（一个非常大的数字）

（一个描述你早上做的第一件事的形容词）

（一个描述你走路姿势的副词）

（你喜欢的游戏）

（一个外来词）

（一个爱好）

（一个你从没去过的城市）

（一种交通工具）

（你宠物的名字）

下一步

如果你跟朋友一起玩过第一册中的“疯狂实验室”，现在试试跟一群人一起玩本册的“疯狂实验室”。每个人填写完括号中问题的答案后，都把自己手中的纸传给左边的人，不过如果你是这个团队的头儿，事先别让任何人知道这一点。他们听说“把你的答案往左传”时的呻吟声可有趣了！每个人都写完这篇文章后，把作品还给本来的主人。由本来的主人决定是否要跟团队分享。

亲爱的日记·二

圈出一个人物：

- 99岁的老太太
- 55岁的离婚男人
- 36岁的酒保
- 43岁的占星家
- 17岁的高中足球运动员
- 8岁的小女孩

圈出一处住所：

- 比利时的布鲁塞尔
- 旅店
- 密西西比河河谷
- 度假胜地
- 大学校园
- 古老的灯塔

现在你就是这个人，住在这个地方。你刚刚发现了一本1492年的日记。故事就从这里展开。

这样开头：

我想找到……

下一步

1492年，哥伦布在大洋上航行。如果你生活在他的时代，你会是一名探险家吗？在写作中的哪个领域，你能更有冒险精神？选择一个，今天就去探险吧。

快照 二

为下面这些题目创作“文字快照”。用你的文字做相机镜头，捕捉色彩、纹理和感情。使用你自己生活中的故事，或者虚构一个！

尴尬时刻

宗教庆典

泳池边

雪中

下一步

闭上眼睛，描绘你想要的东西，为未来拍一张快照。现在就做。然后更进一步，想象写作带来的成功：人们听你读诗，有人在一百年后发现你的日记，观众为你的浪漫喜剧开怀大笑，你的文章发表在杂志或报纸上，你的博客成为大热门，你的作品帮助别人疗伤，等等。

极少或几乎没有

报纸上的八卦专栏

西西里的山峰

斯卡拉歌剧院的邀请

爱洛依丝之家

德国香肠

陪审团的裁决

下一步

如果你为一篇书评感到气愤，试着自己写一篇。评论最近的书、电影、歌曲或文章。或许你该拿它去投稿。

动人的声音

写出六种动人的声音，比如婴儿咿呀学语，或者小猫喵喵叫。

把它们都用在一个故事中，这样开头：

最近我简直不能忍受……

下一步

大声朗读你刚刚写完的作品，聆听自己的声音，看它是否像音乐一样。如果一个词、短语或句子听起来不像，把它圈出来。现在回过头编辑或修改你圈出的部分。重新大声朗读这篇文章，直到它听起来悦耳动人。这是好作品的标志。

橄榄球

写作时，让形状辅助你的想象力。第一个“橄榄球”的开头已经给出了。后面还有进一步的指示。

就像橄榄球，我……

用上一个橄榄球中的最后一句话作为第二个橄榄球的开头。

下一步

如果你现在的写作是一个有颜色的形状，是什么？（例如：一个柔软的棕色26面体，内外都有荧光粉色的波点。）你希望它看起来什么样？用马克笔、彩色铅笔或蜡笔把它画出来。

简单的符号

花一分钟时间浏览这些简单的符号。合上书，在一张纸上写下或者画下你能想起的符号，越多越好。现在重新翻开书。在一个故事中用上所有你回想起的符号（包括那些书上本来没有，你错误地增加进来的）。

这样开头：

我们叫他“头脑简单的西蒙”……

下一步

对你来说，写作成功的标志是什么？是每天写作？写完一个故事？拥有经纪人？知道自己有写书的天赋？给你的家人写回忆录？你创作的儿童读物被图书馆收藏？创作教材？作品得以出版？自费出版？博客拥有大量读者？看到你创作的剧目上演？出售改编权？为你的电影首映走红毯？一本诗集？每个人都不一样。知道属于你自己的成功标志意味着你更有可能看到它成为现实，并享受成功的喜悦。现在就画出你的成功标志。

如琢如磨

写到下面给出的成语时用上它们。这样开头：

我们拥抱着……

如诗如画

如火如荼

如痴如醉

如泣如诉

下一步

把自己跟其他人相互比较是创造力的大敌。下次你发现自己正在这样做时，在脑海中设想一系列形容词。每次想到一个能够描述你或你的作品的形容词就把它写下来。十分钟后，用所有这些形容词来描述你自己。每次都会不同。现在就试试看。

落日

这个故事发生在日食期间。

这样开头：

光线……

下一步

选出六段关于十月的回忆。把它们作为你未来写作的灵感。

听到一耳朵

写完这几段短文。开头已经给出了。

铅笔卡在我耳朵里了……

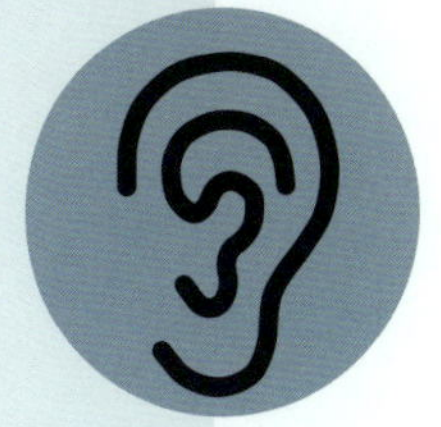

他有一对大耳朵……

她总是把耳朵贴在地面上……

他会动耳朵……

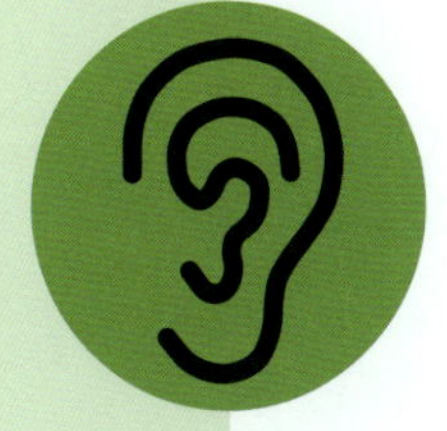

下一步

现在有个挑战：写一段话，其中不能有任何一个字的拼音首字母是E、A和R。这样开头：两只……

公平对话

写完这个故事。这样开头：

通过后视镜，出租车司机看到……

下一步

与其用我们还没到达的地方或者还没学会的东西来责备自己，倒不如提醒自己我们已经走了多远的路、学会了多少东西。写下两件你现在知道了、希望自己一开始写作时就知道的事。

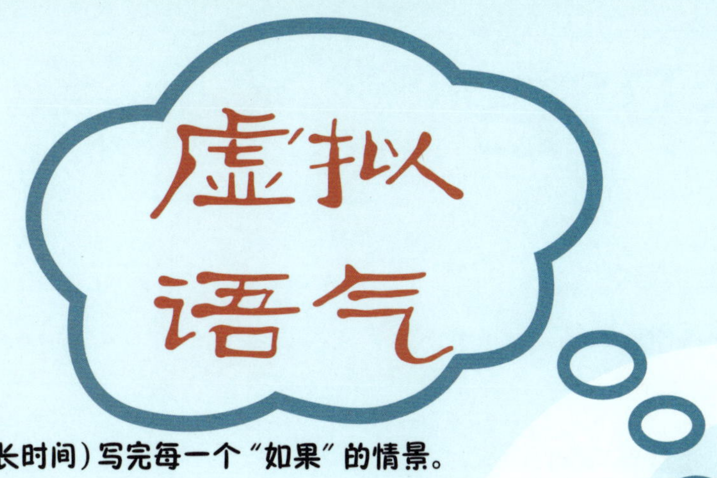

花一分钟（或者更长时间）写完每一个“如果”的情景。

如果我的作品是……

看不见的，我会……

防水的，我会……

可移动的，我不会……

有香味的，它会……

与实物一样大小的，它会……

通过空气传播的，其他人会……

有插图的，其他人会……

可食用的，我会……

简单易懂的，它会……

可穿戴的，其他人会……

下一步

这里有一系列其他的“如果”：

如果你的作品是一个包裹……

……你是寄件人还是收件人？

……它已经被投递了吗？

……它的最终目的地是哪里？

……它是通过什么方式运送的？

……在转寄过程中到过哪些地方？

……包裹的重量是多少？

……包裹的形状是什么样的？

……包裹里面有什么？

垫脚石

在本页上的三块垫脚石中，分别写下你生命中三个不同阶段的故事。所有的故事都围绕着同一个词。比如“粉色”，可以是这样三段回忆：露营照片中粉色的脸颊，少女的粉色唇膏，粉色的舞会花束。

选一个词，勾起你生命中三个不同阶段的回忆。

黄色
粉色
流汗
灰尘
栅栏
跳跃
谷物
光
雨
岩石

下一步

从你作为作家想要实现的目标清单中选择一个。在一页纸上方，写下未来24小时内，朝着这个目标努力，你能做的一件事。接下来，写下未来一周你能做的一件事。然后写下再下一周能做的事，以此类推，直到你有了要把这个梦想变成现实需要的所有垫脚石。如果所有这些台阶让你望而却步，把这张纸折起来，只露出第一步。当你完成了这一步，再把纸展开，露出下一步，以此类推。每次一个台阶，能帮助你聚焦当下，不断进步，不去为未来担忧。

分数内讧

写到给出的分数时用上它们。这样开头：

如果我看上去有点心不在焉……

$1/2$

$1/4$

$1/8$

$2/3$

$3/4$

$3/8$

下一步

从你刚刚写完的文章中选出16个词，填在下面的表格中。你会得到一首从左往右、从上往下读的诗。

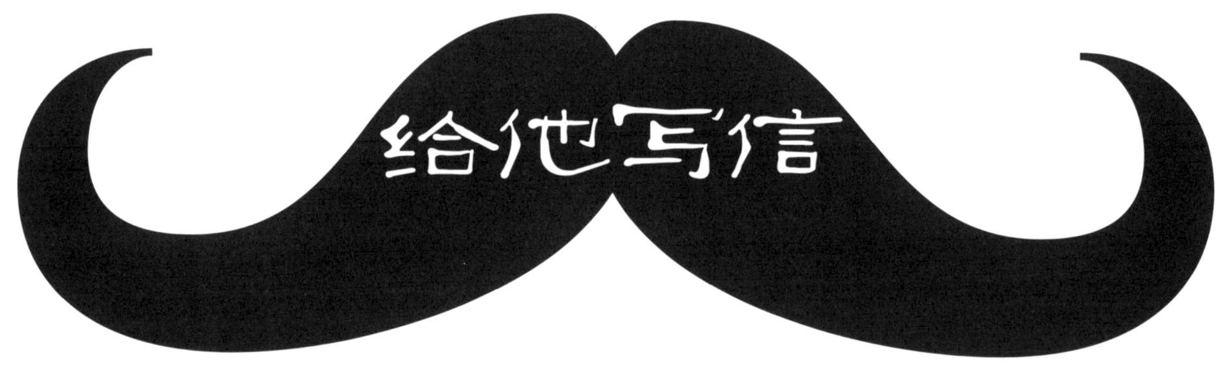

写完这个故事。这样开头：

我是在一个互联网论坛上遇到他的……

下一步

为了实现你的目标，向越多的人寻求帮助，你成功的可能性就越大。为可能帮助你，或者知道谁可能帮助你的人列一个名单。今天就向其中一个人求助。

看看你周围，留意所有黄色的东西。写下你最先看到的六件东西：

柠檬黄

把它们都用上。这样开头：

一个人的珍宝是另一个人的……

下一步

找一张包装纸或报纸（或者把几张打印纸粘贴在一起），把这本书包起来。明天当你拿起它时，你会意识到你是多么珍视写作这份礼物。对另一部作品也这样做。这会让你用一种全新的眼光看待它。开始包装吧。

神奇的铅笔

想出铅笔的五种创造性用法（除了作为书写工具之外）：

1 ▶

2 ▶

3 ▶

4 ▶

5 ▶

在这篇作品中用上这五种“用途”。这样开头：

每次有人让我……

下一步

给你的钢笔、铅笔或键盘写一张感谢卡。恭维它。不要觉得这样做傻里傻气——它是你的搭档。马里奥怎么能离开路易？

一吐为快

这个练习允许你写下心里想到的任何东西，或者那些不足以成为作品的东西。计时十分钟，从下面这些词中的一个开始，在这页纸上写下关于这个词，你感到、想到、知道和想要知道的一切。如果十分钟还不尽兴，继续写。跟最开始的主题相去甚远也没关系。如果时间还没到就写完了，回到开头，重新开始写。你会惊讶地发现，写到某件东西时有了新的灵感。追随你的灵感。你总是可以回到开头，一吐为快。

热狗 雷

制服

漂浮 绳索

鞋带

垃圾箱

柠檬

风筝

下一步

如果你因为分心的事情太多，不能集中精力创作，试着——识别每一件耗费你的心理时间的东西，把它们都倾倒在想象的地板上。拿一把想象的扫帚，把它们收进想象的袋子里。这个装满思想、担忧、灵感、清单、回忆等的袋子跑不了，所以就让一切都留在袋子里，直到你完成写作任务……或者一直让它们留在袋子里，如果你享受这种卸下负担、一身轻松的感觉。

口头应酬

写完这几段短文。开头已经给出了。

她噘起嘴唇……

他撇了撇嘴……

看着她涂口红……

每次他都瘪嘴……

下一步

为所有能让你微笑的东西列一个长长的清单，包括三件与写作有关的。

你现在微笑了吗？

打电话回家

这些信息是从费城电话簿里得来的。用你本地的电话簿——印刷版或电子版——重复这个练习！

两个名：桑德拉、阿诺德

两个姓：加诺夫、克莱默

一家餐馆的名字：羔羊客栈

一家美发沙龙的名字：波长

一条街道的名字：汉普郡大道

现在尽可能把它们都用在一篇作品中。这样开头：

号码是……

下一步

没人在家时电话铃声响起过吗？你写过自己从来没读过的东西吗？回头翻看你写完的一些练习。拿一支红笔，圈出突出的字词。拿起电话，打给你自己的语音信箱，把它们读给你自己听。让它们鲜活起来。

上当受骗

在这篇文章中用上这五个词：

轻拍　壶　陷阱　宠物　放置

这样开头：

每分钟都有人上当受骗。例如，我的……

下一步

在商业广告面前，我很容易上钩。我什么都想买。当广告中的人说："等等，还有……"我就特别兴奋。演出返场也有同样的效果，你能为你的读者提供额外的吸引力吗？

写下想到的第一件事，即使并不完全是真的。使用给出的开头。一次写完四段短文。不要停下来思考。快点写！

我记得退缩……

我记得完全不是这么一回事……

我能记住长相，但是从来都记不住名字。比如……

回忆过去让我……

下一步

无论你喜欢回顾过去还是展望未来，都能为你的写作所用。喜欢往后看的人可以写回忆录，喜欢往前看的人可以写科幻小说。在这个基础上，发动头脑风暴，想出一些点子。

鼻子

在这里写下一种你喜欢的气味：

现在写一个故事，用上这种气味，这样开头：

当我……

现在想一种你讨厌的气味，写完这个故事，用上这种气味。

下一步

对你来说，写作的成功散发着什么样的气味？要具体。找一件能让你想起这种气味的东西，经常闻闻它！

生命就像一个圆……

圈出最吸引你的词：

氦　　马戏团　　戒指　　气球　　爆米花

圈出另一个吸引你的词：

王冠　　大象　　笑　　顶端　　帐篷

再圈出一个吸引你的词：

驯服　　钢丝　　杂技演员　　大师　　狮子

在故事中用上你选择的三个词。这样开头：

她耸了耸肩，说："我不知道为什么……"

下一步

拿一支马克笔、蜡笔或彩色铅笔，在这张纸上画螺旋线，直到你再也看不到你刚才写下的文字。这样做时感觉怎么样？对你来说是很容易还是很困难？

放手的感觉因人而异、因作品而异。记住：你在这本书中写的都是练习。

方便之手

写完这几段短文。开头已经给出了。

她的手非常纤细……

他握着我的手……

他手上的老茧……

我要把它递到你手上……

下一步

闭上眼睛，画出一个亲近的人的手。注视这张画，直到你想到一个故事。把这个故事写下来。

电话交谈

你是一个女演员，靠商业演出维持生计。你还有一座两层楼的公寓套房。你住在楼下，楼上出租给一位卧底警察。你们俩之间的关系有点紧张（实际上是剑拔弩张）。通过一段电话交谈表现出来。

你：每次你……

警察：

你：

警察：

你：

警察：

你：

警察：

你：

警察：

因为你是作者，你说最后一句！

你：

下一步

每次聚会，你是习惯提前、准时、迟到还是根本不出现？你的写作也是这样吗？你怎样在两者之间找到平衡？

从第一列开始

从第一列开始写，
第二列继续，
到第三列结束。
这样开头：热气球……

第一列

第二列

下一步

写作的过程就像热气球升空。规划好路线和时间表，标记出起点、你现在的位置（具体描述）、一年后想到达的地方（具体描述），以及五年后想到达的地方（具体描述）。

第三列

逛商店

到你童年时最喜欢的商店来一次精神之旅。这样开头：

最有趣的是……

下一步

小时候，我曾经跟朋友假装侦破了一起两元店大劫案。在写作中，你想要闯入什么领域？是什么阻止了你？今天就做点什么，让你离目标更近一些！

前后颠倒

下面有四个前后颠倒的词。写到每个词时，在心里把它倒过来。在遇到下一个词之前把它用在故事中。（不要提前看是什么词——剧透就没意思了！）这样开头：

我笑得前仰后合……

奶牛

算盘

机动

子弹

下一步

你会把写作跟痛苦还是快乐联系起来？为什么？你能做些什么，让写作更快乐？

快乐游戏

使用各行开头给出的词语。这样开头：有时候最大的乐趣是……

大富翁

大满贯

绕口令

大爆发

敲脑壳

下一步

接受和赠送礼物感觉都很棒。现在你有机会享受这份双重乐趣。选一件最好的礼物送给你的作家自我，不要贵东西，免费的更好！写出你准备给自己送礼物的步骤。

写一个26个字的句子，每个字的拼音首字母按照字母表的顺序排列。如果该字母不能用作拼音首字母，使用字母本身读音对应的汉字。从R开始。（例如：若是他有位无信仰者阿布从第二份规划挨家考虑每年欧脾气。）希望你写得比我好！

R

S

T

U

V

W

X

Y

Z

A

B

C

D

E

F

G

H

I

J

K

L

M

N

O

P

Q

下一步

用不超过26个字，写下一个写作目标。再用不超过26个字，写下如果一年之内实现了这个目标，你的感觉怎么样。为什么要剥夺自己的这种感觉呢？现在就开始为了目标努力吧！

记者和日记

你是一个来自德国的21岁年轻女孩，准备嫁给一个美国记者。婚礼就在两个小时之后。你一直都坚持写日记。写下你作为单身女孩的最后一则日记。这样开头：

房间里的时钟……

下一步

时钟不仅能够指示时间。描写你生活中的三个时钟。

1、

2、

3、

把它们直接放进未来的作品中，给它们一个永久的家。

对着落叶许愿

写完这个故事。每年十月中旬，我们都开车到波科诺山欣赏秋天的美景，拜访我丈夫家有趣的亲戚。旅途总是让我希望……

下一步

许多有创造力的人都很有趣，他们相信一些东西会限制他们的创造力，比如必须有三支黑色的尖头蘸水笔他们才能写作。你有这类限制性的信念吗？有时候是很微妙的。找到一种方法，打破你自己设置的障碍。

20个问题

回答这20个问题，二选一，圈出你的答案。最后你会得到一篇人物特写。

1、人类还是外星人？
2、大还是小？
3、有头发还是没头发？
4、忠诚还是多疑？
5、疯狂还是快乐？
6、敏锐还是健忘？
7、挑剔还是随和？
8、真诚还是虚伪？
9、健美还是肥胖？
10、声名远扬还是默默无闻？
11、喜欢宅家还是户外？
12、勇敢还是懦弱？
13、喜欢蜡笔还是马克笔？
14、喜欢坐船还是坐飞机？
15、用功能手机还是智能手机？
16、喜欢桌游还是视频游戏？
17、读者还是作者？
18、喜欢派还是蛋糕？
19、穿平角裤还是三角裤？
20、喜欢纸还是塑料？

你就是这个人或外星人。从他的视角写作。这样开头：

我忍不住……

下一步

如果你的写作自我是一个交通信号，会是停止信号？让行信号？软路肩信号？你经常打破自己的交通规则吗？需要选择另外一个信号吗？会是什么信号？为什么？

生命就像一个圆·二

圈出两个吸引你的词：

蘑菇

宝石鉴定家

情绪化

小屋

初入社交界的少女

出租车

圈出两个吸引你的词：

食肉动物

莳萝

微缩模型

毛茸茸

电话

温度

圈出两个吸引你的词：

橡皮

挤压

药剂

阿司匹林

白垩

香蕉

把这六个词用在一个故事中。这样开头：

天黑以后……

下一步

关掉所有的灯，在黑暗中完成这篇作品：我不知道为什么……

八月别走

假设你是一名公立学校的教师。你热爱你的工作，但是你更爱暑假。当炎热的八月接近尾声，你祈祷它能继续下去……你的愿望实现了！写完这个故事。这样开头：

有时候梦想……

下一步

选出六段关于八月的回忆。把它们作为你未来写作的灵感。

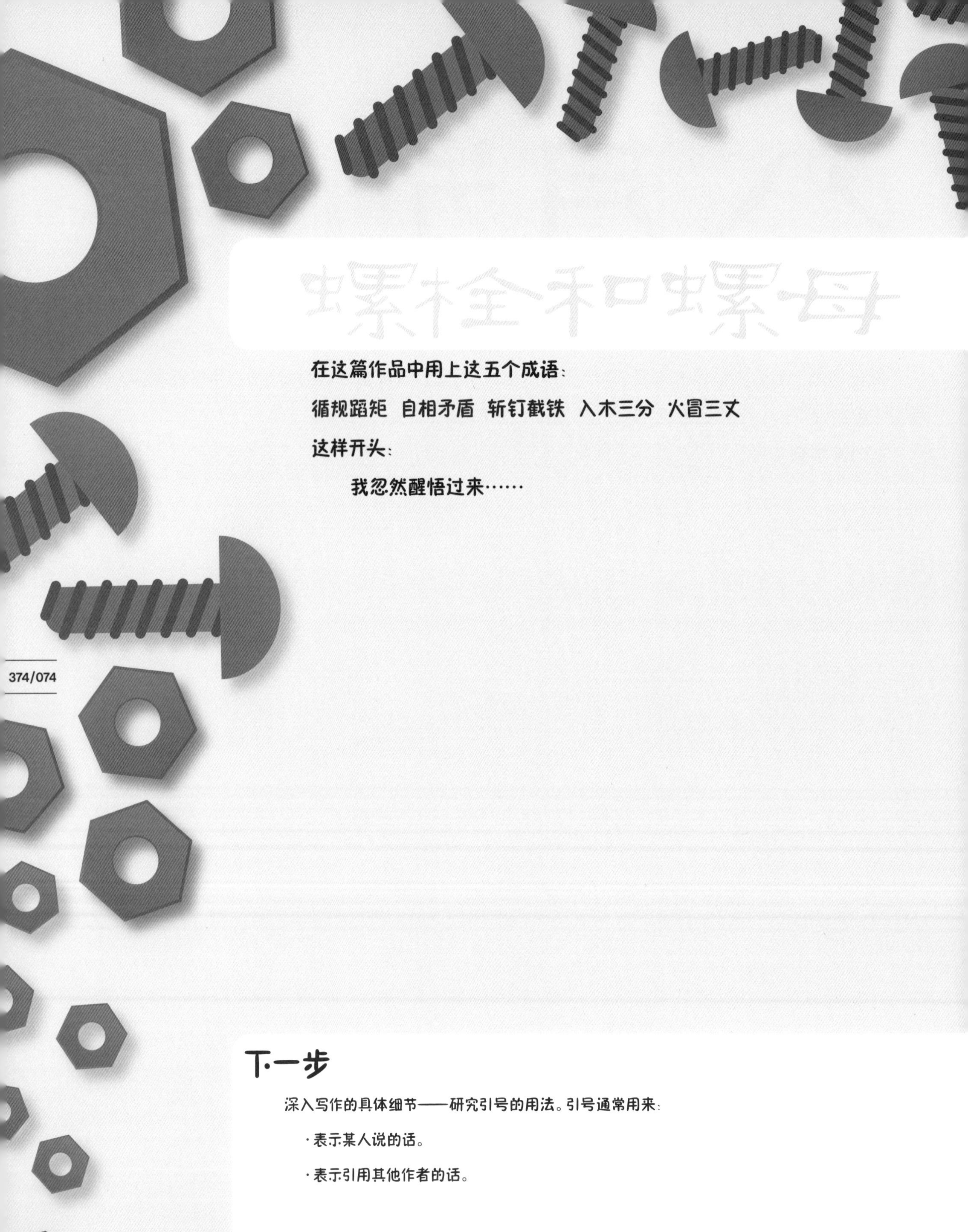

螺栓和螺母

在这篇作品中用上这五个成语：

循规蹈矩　自相矛盾　斩钉截铁　入木三分　火冒三丈

这样开头：

我忽然醒悟过来……

下一步

深入写作的具体细节——研究引号的用法。引号通常用来：

· 表示某人说的话。

· 表示引用其他作者的话。

多一点

如果你已经习惯每次写作至少十分钟，或者其他固定时间或页数，是时候做点改变了。在这个练习中，有意识地比平时多写一点，或者少写一点。例如，如果你以前写十分钟，增加到二十分钟；如果你没有时间，就减少到五分钟。

如果你选择了少写一点，重要的是提醒自己，你能在非常短的时间里投入地写作。当你挤不出十分钟时，并不意味着这天就不能写作了，而是意味着你可以写三分钟或五分钟，来保持写作的动力。如果你选择了多写一点，书写更长时间让你有机会沉浸得更深并体会那种感觉。如果你对结果感到满意，尽可能安排更长的写作时间。

选择一个“多一点，少一点”的写作主题。

1. 比你希望的时间少。
2. 比你以为的时间多。
3. 比你预期的时间少。
4. 比你应该准备的时间少。
5. 比你应该花费的时间多。

下一步

在写作中，做个乐观主义者、总是看到“更多”而不是“更少”是大有裨益的。例如：

1. 把拒绝看成通往接受的一个步骤。
2. 删除大段你喜欢的素材，是一大笔额外奖励，可以把它们贴在你的网站或博客上。

少一点

无罪

写完这个故事。这样开头：

那是个纯真年代……

下一步

我忏悔：我没有锻炼。每当我走过任何健身器材，我都有负罪感。写作中有什么令你抱有负罪感的习惯？你能改掉它吗？

题目

写下你最先想到的题目。

两本书的题目

两首歌曲的题目

两本杂志的题目

选择其中一个作为你故事的题目，然后把其他五个写进故事的内容中。它们不必作为题目出现。

例如，如果你选择的歌曲是《乘喷气客机离开》，只要把它当成一个短语来使用。

你故事的题目：

下一步

题目应该简洁、抓人、明确、易记。

从前面的练习中选择一篇，为它多起几个题目。

一个星期以后再回过头来看哪个最好！

时间旅行者

这是一个回到过去的机会。写作四段来自你过去真实（或者部分真实）生活经历的互不相关的短文。

选择你要写作的一组四个题目。

1. 一次生日、玉米、拇指、狗
2. 脚趾、蛋糕、罗盘、游泳
3. 香草、一道伤疤、想要某件东西、一笔奖金
4. 闪电、马铃薯、一个错误、一位邻居
5. 膝盖、洋葱、错过的遗憾、星星
6. 海洋、葡萄、大订单、打喷嚏
7. 嚼口香糖、等待、许愿、头发
8. 一位女性亲属、饼干、自行车、咖啡
9. 竞赛、毛巾、一位男性亲属、谷物
10. 胃、番茄、泳衣、受伤

所有四段短文都这样开头：

我没有……

下一步

如果你在根据花费的时间跟踪写作进度，但是发现你已经严重落后了……别再这样做了。开始跟踪你延误了多少时间。掌握你什么时候发生了延误（无论是以时间还是作品的字数衡量），是非常有价值的信息。一旦你识别出某种模式，你就能以一种减少延误的方式支配时间和精力，写得更多。

预感

写一个关于即将发生的事情的故事。这样开头：

我快要爆发了……

下一步

别去管预感。正如在网球和棒球之类的运动中，你需要把目光锁定在球上一样，在写作中，你需要把笔锁定在纸上。不要把它抬起来。如果你卡壳了，重复最后一个字，直到你想出下一个字。现在就这么做，做，做，做。

首先是开头

这里有一个有趣的方法，为写作练习生成开头。使用你名字的全拼，作为故事的第一句话每个字的拼音首字母。例如，“韩复”（Hán Fù）这个名字可以写成海岸南方有……

在这里用你名字的全拼写出五个开头：

开头1: ____________________

开头2: ____________________

开头 3: ____________________

开头 4: ____________________

开头 5: ____________________

选择你最喜欢的开头，写在下面的横线上。然后在这页纸上写完剩下的故事。

____

下一步

写出写作或出版领域，你希望取得联系的两个人的名字：

1、____________________

2、____________________

写出要实现这个愿望，第一步需要做什么：

1、____________________

当你完成了第一步，接下来还需要做什么？回来填写第二步：

2、____________________

有时通过上网搜索就能让你跟偶像取得联系。很多人真的会回复。

开头

关于开头，你的写作工具箱中的储备越多越好。从这份清单的第一行开始，马上写完每一个句子。如果某个句子触发了你的灵感，拿一张纸开始写，直到你想要停下来。改天再回到这份清单，从上次离开的地方继续，或者挑选一个你已经写完的句子，开始创作。

下一步

详尽的商业计划对于开个好头至关重要。写作也不例外，你需要计划。你今天的写作计划是什么？明天的是什么？本周剩下时间的是什么？下周的？再下周的？下个月的？今年剩下时间的？现在就开始为下周制订计划，然后努力坚持。如果这样做有效果，为下个月制订计划。

暴风雨之后……

就像看慢镜头……

我一踏上……

在分岔路口……

在圣诞老人培训学校……

当时看起来没什么风险……

晒着太阳……

在反光的太阳镜后面……

作为微不足道的小人物……

艾琳的脸涨得通红……

生在穷人家……

一道闪光……

卡尔是个守门人……

她咬着指甲……

我在地下室秘密地印制……

化装成忍者神龟……

漂流到……

即使侦探也……

每天下午孩子睡觉时，她……

流到河口……

像风筝一样自由……

从边线外……

葛丽塔交了比赛报名表……

她没提到过……

坚持……

他搭上无轨电车……

他恶狠狠地说……

那一刻她的命运决定了……

她的嘴唇颤抖着……

谢谢，不要水箱

写出过去365天里你要感谢的三件事物。

1、____________________

2、____________________

3、____________________

现在你是一名集装箱装卸员，把这三件事物用在你的故事中。这样开头：

水族馆的工人在罢工，我不能把装着鲨鱼的水箱留在停车场，所以……

下一步

想想过去24小时你的作家自我。你完成了什么任务？为什么或为什么没有？你能够成为最好的作家吗？为什么能或为什么不能？你感谢你的作家自我吗？怎样感谢？让你的答案指导未来24小时的写作。

再次上路

写完这个故事。这样开头：

移动……

下一步

其他人的能量能够帮助我们前进。如果你实现了写作目标，还有谁能从中受益？如何受益？用他们的能量帮助你前进，并且更上一层楼。

微博，动态

这次来练习用微博或动态的形式写短文，上限140个字，包括空格和标点符号。你已经90岁了，（在重孙女的强烈要求下）极不情愿地第一次发动态。使用下面给出的开头。如果这三条动态能够讲述一个完整的故事就更好了。

我的……

为了……

什么……

下一步

在按下发送键之前重新考虑一下。（有时候只需要48个字就能讲清楚一件事了。）

快乐 成语

用成语开头：他从来没有一鸣惊人。

用成语结束：要么全力以赴，要么索性放弃。

下一步

如果字典管理员让你为一个新词下定义，你会如何定义“离去”？你发现了吗？你只是照搬了“离开”的定义。记住：词语的力量是由你赋予的。

快照  

为这些生活中的事件创作“文字快照”。用你的文字做相机镜头，捕捉色彩、纹理和感情。使用你自己生活中的故事，或者虚构一个！

学骑自行车：

化装舞会：

新车：

有感染力的笑容：

下一步

把你的作家自我比作一所房子。你会在每个房间里保存什么样的灵感？是不是该移走其中一些了？

- 盥洗室
- 主卧室
- 阁楼
- 客房

歌剧行动

写完这个句子，然后把它用在你的故事中。

就像看歌剧，这件事让我想起＿＿＿＿＿＿＿＿＿＿＿＿＿＿＿＿＿＿＿＿

＿＿＿＿＿＿＿＿＿＿＿＿＿＿＿＿＿＿＿＿＿＿＿＿＿＿＿＿＿＿＿＿＿＿

这样开头：

秘密行动……

下一步

如果你的缪斯女神要带你去约会，你觉得她会带你去哪里？歌剧院？大脚车拉力赛？果园？鱼塘？游乐场？月球？为什么？

QZNJ游戏

这是一个经典的文字游戏，目标是用四个字母作为拼音首字母，得到最高分。这四个字母是Q（10分）、Z（10分）、N（8分）和J（8分）。

你的目标是：

1、使用给出的开头，在本页的12行中写出一个相互联系的、最好是有逻辑的故事。如果你的故事12行还没结束也没关系。

2、保证每行都包含至少一个以Q、Z、N、J为拼音首字母的字。

3、如果某一行中没有以Q和Z为拼音首字母的字，退而求其次：保证这行中至少有一个以N或J为拼音首字母的字。

写完后，按照下面的方法计算分数：

1、如果一行中不包含以Q、Z、N、J为拼音首字母的字，减10分。

2、如果一行中至少有一个以Q或Z为拼音首字母的字，得10分。

3、如果一行中没有以Q或Z为拼音首字母的字，但是至少有一个以N或J为拼音首字母的字，得8分。

满分120分（10分乘以12行）。

这样开头：

每当满月时……

1. ______

2. ______

3. ______

4. ______

5. ______

6. ______

7. ______

8. ______

9. ______

10. ______

11. ______

12. ______

下一步

如果把你的写作比作一种乐器的声音，是木琴、鼓、萨克斯、小提琴、钹，还是其他乐器？如果你更喜欢其他声音，相应地改变你的写作风格。

开门法则

“当一扇门关上时，另一扇门会打开；我们却经常久久地盯着那扇关上的门，看不到为我们打开的门。”——亚历山大·格雷厄姆·贝尔(Alexander Graham Bell)

正如贝尔所说的，我希望你不要把本书的最后一个练习看作结束，而是把它当成一个全新的开始，跟你的写作一起继续成长。今天的练习要让你忘记关上的门，去详细描写打开的门。

从这些与门有关的开头中选择一个：

1. 她住在一座有门房的大楼里……
2. 我说我会让门开着，结束了谈话……
3. 每次他转动门把手，总是把袖子拉下来垫在手心……
4. 在我住过的所有地方当中，最突出的一扇门是……
5. 如果我知道那里的地板上有个活门，我们中的一个会掉下去……

记住：这本书并没有真正结束，因为许多练习可以重复多次。翻阅这本书，看到这两个符号，就是可以重复的练习。

下一步

拿一张纸，剪出徽章的形状。在上方写上你的名字，然后在下面最多写出15个褒义词，形容你的作家自我。把它贴在这本书的封面上，就像在肩带上别徽章一样。这是你应得的！祝贺你！

设计者与图片版权

设计者

CLAUDEAN WHEELER: 1–19, 21–23, 26, 27, 29

ZACH NICOLAS: 20, 24, 25, 28, 30, 215–221, 226–229, 290–302, 304–306, 369, 371, 372, 374, 377, 378

ALEXIS BROWN: 31–60, 120, 122, 318, 337

GEOFF RAKER: 61–86

BAMBI EITEL: 87–112

ELYSE SCHWANKE: 113–119, 121, 123–138

BRIANNA SCHARSTEIN: 139–164

LAURA KAGEMANN: 165–177, 190–214

BRIAN ROETH: 178–189, 240-264

JENNIFER HOFFMAN: 222–225, 230–239

DAN PESSELL: 265–289

CLARE FINNEY: 303, 307–314

RONSON SLAGLE: 315–317, 319–336, 338, 339

JULIE BARNETT: 340–364

ADAM LADD: 365–368, 370, 373, 375, 376, 379–389

图片版权

1 Fotolia.com/Rachel Arnott; **2** Fotolia.com/Andrey Kuzman; **3** Fotolia.com/muchmania; **4** Fotolia.com/Galina Pankratova; **6** Fotolia.com/grgroup; **11** Fotolia.com/mangpor2004; **12** Fotolia.com/incomible; **13** Fotolia.com/siraphol; **14** Fotolia.com/Okea; **16** Fotolia.com/pywork; **17** Fotolia.com/moypapaboris; **18** Fotolia.com/Thanks For Purchase; **21** Fotolia.com/exopixel; **22** Fotolia.com/Omar Kulos; **23** Fotolia.com/Sergey Drozdov; **24** Shutterstock.com/Marish; **25** Zach Nicholas; **26** Fotolia.com/erika8213; **27** Fotolia.com/BillionPhotos.com; **29** Fotolia.com/vetalgard; **30** Zach Nicholas; **31** Shutterstock.com/Ameu; **32** Fotolia.com/CurvaBezier; **33** Shutterstock.com/Micra; **34** Shutterstock.com/vvvisual; **35** Shutterstock.com/Complot; **36** Shutterstock.com/snapgalleria; **37** Shutterstock.com/smilewithjul; **38** Shutterstock.com/Doremi; **39** Shutterstock.com/kmlmtz66; **41** Shutterstock.com/MikeMcDonald; **42** Shutterstock.com/g/ martynmarin; **43** Shutterstock.com/Doremi; **44** Shutterstock.com/g/karnoff; **45** Shutterstock.com/mymayday; **46** Shutterstock.com/Doremi; 47 Shutterstock.com/mhatzapa; **48** Fotolia.com/CurvaBezier; **49** Shutterstock.com/jorgenmcleman; **50** Shutterstock.com/lavitrei; **51** Shutterstock.com/IvanNikulin; **52** Shutterstock.com/Seita; **53** Fotolia.com/stocksolutions; **54** Shutterstock.com/IakovKalinin; **55** Shutterstock.com/kotoffei; **56** Shutterstock.com/openeyed; **57** Shutterstock.com/Complot; **58** Shutterstock.com/Happy_Inside; **59** Shutterstock.com/Dooder; **60** Shutterstock.com/lyeyee; **61** Fotolia.com/greatandlittle; **62** Fotolia.com/Style-o-Mat; **63** Fotolia.com/CurvaBezier; **64** Fotolia.com/Becker, Fotolia.com/windu; **65** Fotolia.com/sergio34; **66** Fotolia.com/natbasil; **67** Fotolia.com/sukporn; **68** Fotolia.com/BillionPhotos.com; **69** Fotolia.com/WildOrchid; **70** Fotolia.com/fiore26; **71** Fotolia.com/luigi giordano; **72** Fotolia.com/Capeman29; **73** Fotolia.com/sveta; **74** Fotolia.com/Danomyte; **75** Fotolia.com/okalinichenko; **76** Fotolia.com/Maksim Pasko; **77** Fotolia.com/GstudioGroup; **78** Fotolia.com/karandaev; **79** Fotolia.com/445017; **80** Fotolia.com/olly; **81** Fotolia.com/Oculo; **82** Fotolia.com/Cindy Xiao, Fotolia.com/stokkete, Fotolia.com/nikolarakic; **83** Fotolia.com/stuart, Fotolia.com/AlexanderNovikov, **84** Fotolia.com/chab3; **85** Fotolia.com/Dessie; **86** Fotolia.com/AfricaStudio; **87** Fotolia.com/Anna Kucherova; **88** Fotolia.com/- Bitter -; **89** Fotolia.com/incomible; **90** Fotolia.com/ufotopixl10; **91** Fotolia.com/melindula; **92** Fotolia.com/AbsentAnna; **93** Fotolia.com/Login; **94** Fotolia.com/mangpor2004; **95** Fotolia.com/Real Illusion; **96** Fotolia.com/avian; **98** Fotolia.com/eobrazy_pl; **99** Fotolia.com/Dooder; **100** Fotolia.com/kaktus2536; **101** Fotolia.com/Lonely; **102** Fotolia.com/Dejan Jovanovic, Fotolia.com/piai; **103** Fotolia.com/baluchis; **104** Fotolia.com/boomingpie; **105** Fotolia.com/baluchis; **106** Fotolia.com/slybrowney; **107** Fotolia.com/Transfuchsian; **108** Fotolia.com/Ildogesto; **109** Fotolia.com/PrettyVectors; **110** Fotolia.com/beachboyx10; **111** Fotolia.com/depiano; **112** Fotolia.com/olgash_i; **113** Fotolia.com/Rawpixel; **114** Elyse Schwanke; **115** Elyse Schwanke; **116** Fotolia.com/Pakhnyushchyy; **117** Elyse Schwanke; **118** Elyse Schwanke; **119** Fotolia.com/oly5, Elyse Schwanke; **120** Shutterstock.com/KakigoriStudio; **121** Fotolia.com/magnia; **122** Shutterstock.com/Ezepov Dmitry; **123** Elyse Schwanke; **124** Fotolia.com/Iveta Angelova; **125** Elyse Schwanke; **126** Fotolia.com/Igor Serazetdinov, Elyse Schwanke; **127** Fotolia.com/ngocdai86; **129** Elyse Schwanke; **130** Elyse Schwanke; **131** Fotolia.com/Petr Vaclavek, Fotolia.com/pixelrobot, Fotolia.com/Georgios Kollidas; **132** Fotolia.

com/sararoom, Fotolia.com/Ekaterina Molodtsova, Elyse Schwanke; **133** Fotolia.com/dimakp, Elyse Schwanke; **135** Fotolia.com/tackgalichstudio; **136** Fotolia.com/natbasil, Elyse Schwanke; **137** Elyse Schwanke; **138** Fotolia.com/rtguest, Elyse Schwanke; **139** Fotolia.com/KirstyPargeter; **140** Fotolia.com/eatcute; **141** Fotolia.com/merydolla; **142** Fotolia.com/Denchik; **143** Brianna Scharstein; **144** Fotolia.com/karandaev; **145** Fotolia.com/vatrushka; **146** Brianna Scharstein; **147** Fotolia.com/reich; **148** Fotolia.com/riedja, Fotolia.com/mesamong, Fotolia.com/swillklitch; **150** Fotolia.com/thirteenfifty; **151** Fotolia.com/Africa Studio, Fotolia.com/AlenKadr; **153** Fotolia.com/Mikrobiuz; **154** Fotolia.com/blueringmedia; **155** Fotolia.com/Igor; **157** Fotolia.com/Rorius; **158** Fotolia.com/fireflamenco; **159** Fotolia.com/Lonely; **160** Fotolia.com/karandaev; **161** Fotolia.com/Anna-Mari West, Fotolia.com/rtguest; **162** Fotolia.com/Orlando Florin Rosu; **163** Fotolia.com/RetroClipArt, Fotolia.com/ferumov; **164** Fotolia.com/Galyna Andrushko; **165** Fotolia.com/Frog 974; **166** Fotolia.com/palau83; **167** Fotolia.com/hofred; **168** Fotolia.com/nuttapol, Fotolia.com/iuneWind; **169** Fotolia.com/macrovector; **170** Fotolia.com/rashadashurov; **171** Fotolia.com/valeo5, Fotolia.com/eatcute; **172** Fotolia.com/lightgirl; **174** Fotolia.com/scol22; **176** Laura Kagemann; **177** Fotolia.com/rashadashurov; **178** Fotolia.com/Eric Isselée, Fotolia.com/Carolyn Franks, Fotolia.com/anankkml, Fotolia.com/viperagp, Fotolia.com/worldofvector; **179** Fotolia.com/mizar_21984; **180** Fotolia.com/chones; **181** Fotolia.com/worldofvector; **182** Fotolia.com/nortivision; **183** Fotolia.com/katrinaelena; **184** Fotolia.com/Sura Nualpradid; **185** Fotolia.com/picsfive, Fotolia.com/pressmaster; **186** Fotolia.com/mimacz, Fotolia.com/vladvm50, Fotolia.com/Gstudio Group, Fotolia.com/Dimitar Marinov, Fotolia.com/logistock, Fotolia.com/teracreonte, Fotolia.com/oxyggen, Fotolia.com/koolander, Fotolia.com/RA Studio; **187** Fotolia.com/Ekler; **188** Fotolia.com/picsfive; **189** Fotolia.com/bramgino; **190** Fotolia.com/Danussa; **191** Fotolia.com/cirodelia; **192** Laura Kagemann; **193** Fotolia.com/nokastudio; **194** Fotolia.com/cunico; **195** Fotolia.com/hypnocreative; **196** Fotolia.com/click_and_photo; **199** Fotolia.com/Bartlomiej Zyczynski; **200** Fotolia.com/kittitee550; **201** Fotolia.com/Neo Edmund; **202** Fotolia.com/podshibykin; **203** Fotolia.com/okalinichenko; **205** Fotolia.com/cirodelia; **206** Fotolia.com/Lonely; **207** Fotolia.com/jodo19; **208** Fotolia.com/emuemu; **209** Fotolia.com/archideaphoto; **210** Laura Kagemann; **211** Fotolia.com/adimas; **212** Laura Kagemann; **213** Fotolia.com/Iveta Angelova; **217** Fotolia.com/Wissanu99; **218** Fotolia.com/olliethedesigner; **219** Fotolia.com/Wissanu99; **222** Fotolia.com/2xSamara.com, Fotolia.com/serkucher; **223** Fotolia.com/kyoko; **225** Fotolia.com/GiuseppePorzani; **226** Fotolia.com/archideaphoto; **228** Fotolia.com/Andrii Pokaz; **229** Fotolia.com/9comeback; **230** Fotolia.com/Casther; **231** Fotolia.com/magann; **232** Fotolia.com/kmit; **233** Fotolia.com/Irochka; **234** Fotolia.com/frozenmost; **235** Fotolia.com/Alexander Zelnitskiy; **236** Fotolia.com/Feng Yu; **237** Fotolia.com/dwph, Fotolia.com/Neptune; **238** Fotolia.com/eyeretina; **239** Fotolia.com/mysontuna; **240** Fotolia.com/Daniel Heywood; **241** Fotolia.com/fotomatrix; **242** Fotolia.com/zhelunovych; **243** Fotolia.com/HieroGraphic; **244** Fotolia.com/Rada Covalenco; **245** Fotolia.com/najtli; **246** Fotolia.com/sunny_lion; **247** Fotolia.com/rudall30; **248** Fotolia.com/aeroking; **249** Fotolia.com/LeonART, Fotolia.com/mhatzapa; **250** Fotolia.com/RetroClipArt; **251** Fotolia.com/picsfive; **252** Fotolia.com/Sveta; **253** Fotolia.com/Anna Frajtova; **254** Fotolia.com/romvo; **255** Fotolia.com/Seamartini Graphics; **256** Fotolia.com/Adrian Niederhäuser; **257** Fotolia.com/Nik_Merkulov; **258** Fotolia.com/noscovaolga; **259** Fotolia.com/marforrstock; **260** Fotolia.com/th3fisa; **261** Fotolia.com/Fotographix; **262** Fotolia.com/chones; **263** Fotolia.com/Ekaterina Garyuk; **264** Fotolia.com/shadowalice; **265** Fotolia.com/Sylwia Nowik; **266** Fotolia.com/Maksim Shebeko, Fotolia.com/loreanto; **267** Fotolia.com/goodween123; **268** Fotolia.com/wayne_0216, Fotolia.com/jineshgopikklm, Fotolia.com/Ljupco Smokovski; **269** Fotolia.com/jonnysek; **271** Fotolia.com/photosvac; **272** Fotolia.com/fotoatelie; **273** Fotolia.com/elophotos; **274** Fotolia.com/Gianfranco Bella; **275** Fotolia.com/eugenesergeev; **276** Fotolia.com/Arsgera; **277** Dan Pessell; **278** Fotolia.com/ra2 studio, Fotolia.com/Virynja; **279** Fotolia.com/Photobank; **280** Fotolia.com/tomo; **281** Fotolia.com/Irochka; **282** Fotolia.com/Ljupco Smokovski; **283** Fotolia.com/Dmytro Sukharevskyy; **284** Fotolia.com/cirodelia; **285** Fotolia.com/sutichak; **286** Dan Pessell; **287** Fotolia.com/zsooofija; **288** Fotolia.com/jonbilous; **289** Fotolia.com/tinadefortunata; **290** Zach Nicholas; **291** Fotolia.com/Garry Images; **292** Zach Nicholas; **293** Zach Nicholas; **294** Zach Nicholas; **295** Fotolia.com/Aleksandra Novakovic, Zach Nicholas; **296** Zach Nicholas; **297** Zach Nicholas; **298** Fotolia.com/girafchik; **299** Zach Nicholas; **300** Fotolia.com/lestyan; **301** Zach Nicholas; **302** Zach Nicholas; **303** Fotolia.com/Jorge Alejandro; **304** Zach Nicholas; **305** Zach Nicholas; **306** Fotolia.com/eatcute; **307** Fotolia.com/rtguest, Fotolia.com/patrimonio designs; **308** Fotolia.com/mattasbestos, Fotolia.com/liravega.ai; **309** Fotolia.com/jesadaphorn; **310** Fotolia.com/dule964, Fotolia.com/Uros Petrovic; **311** Fotolia.com/headcircle, Fotolia.com/eat cute; **312** Fotolia.com/00798; **313** Fotolia.com/photoestelar 3; **314** Fotolia.com/Rada Covalenco; **315** Ronson Slagle; **316** Fotolia.com/Giorgio Clementi; **317** Ronson Slagle; **318** Shutterstock.com/veron_ice; **319** Ronson Slagle; **320** Ronson Slagle; **322** Ronson Slagle; **324** Fotolia.com/Sebastian Kaulitzki; **325** Fotolia.com/bannosuke; **326** Fotolia.com/Julia Tim; **327** Fotolia.com/Meliha Gojak; **329** Fotolia.com/aaabbc; **331** Ronson Slagle; **334** Ronson Slagle; **339** Fotolia.com/Ludmila Baryshnikova; **340** Fotolia.com/Andrey Kuzmin; **342** Fotolia.com/evgenyi; **343** Fotolia.com/aopsan; **344** Fotolia.com/rashadashurov; **346** Fotolia.com/MassimoSaivezzo; **347** Fotolia.com/ilqarsm; **348** Fotolia.com/ra3rn.tif, Fotolia.com/rashadashurov; **350** Fotolia.com/MG1408, Fotolia.com/teerawat_camt, Fotolia.com/Oksana; **355** Fotolia.com/calmacanul; **357** Fotolia.com/brat82; **358** Fotolia.com/binik; **360** Fotolia.com/Fly_dragonfly; **361** Fotolia.com/Kudryashka; **363** Fotolia.com/Masson; **364** Fotolia.com/-Bitter-; **365** Fotolia.com/lestyan; **366** Fotolia.com/studiostoks; **367** Fotolia.com/denis_pc; **370** Fotolia.com/Lonely; **373** Fotolia.com/sundarananda; **376** Fotolia.com/BillionPhotos.com; **382** Fotolia.com/molowpoly; **383** Fotolia.com/karandaev; **386** Fotolia.com/macrovector; **387** Fotolia.com/olegdudko; **388** Fotolia.com/Constantinos; 389 Fotolia.com/archideaphoto

致谢

如果不是我坚持要把这些练习挤进这本书里，我本来可以有更多篇幅一一感谢每一个人。现在我只能在这么短的一段话里，感谢所有的家人、朋友、员工、买书和卖书的人、渴望成为作家的人、写作训练营的学员、我的学生、桌游玩家，以及我生命中支持和鼓励我——或者至少是容忍我的创作习惯——的每一个人。

Rachel Randall，为本书的出版付出努力的团队以及F+W Media的整个团队，还有Jennifer Dechiara，你们太棒了！我们至少还要合作十年。

译后记

如果你拿到了《会写作的大脑》这本书，首先就会被它的“颜值”吸引。

写作不再是作业本或者电脑屏幕上令人望而生畏的一片空白，不再是正襟危坐、苦思冥想和枯燥的烦恼时刻，而是变成了一场调动你所有感官的游戏，你要运用你的视觉、听觉、嗅觉、味觉、触觉，你要大声疾呼，要手舞足蹈。那些在原来的写作中束缚你的规则和桎梏，会让位给想象力和创造性的迸发，那些对作品的自我怀疑和患得患失，会在游戏的乐趣中烟消云散。

在这本书中，你会用各种各样的工具写作：铅笔、钢笔、蜡笔、马克笔，或者橡皮。你会用各种各样的姿势写作：坐着、站着、躺着、用左手、用右手，甚至用脚。你会在各种各样的地方写作：家里、车上、教室、游乐场、度假村，或者你在想象中去到的任何地方。你还会变成各种各样不同的人，从在秘密日记中倾吐心事的15岁少女到未来空间站的宇航员，只要你愿意，你可以是任何人。一句话：你自由了！

这些练习让我想起童年玩过的文字游戏，有些是自娱自乐，有些是跟小伙伴一起创造的，有时候可能有点傻里傻气的。但它们让我觉得文字是那么有趣的东西，只要一支笔、一张纸，加上我们的想象力，世界就永远不会无聊。现在，你也可以开始体验这种乐趣了，几百个游戏，每天十分钟，跟文字尽情嬉戏吧。

从这些练习中，可能会诞生某篇评论、散文或短篇小说的雏形，经过适度的加工润色，就可以向报刊或出版社投稿。也可能结果只是一整页杂乱无章、不知所云的“乱码”，不过没关系，你不必把它拿给任何人看。所以，下笔时不需要有任何压力，想写什么就写什么，把这本书当成完全属于你自己的秘密花园，无论结果如何，你都会发现自己跟做练习之前不一样了，创意的火花在你头脑中燃烧，写作障碍和瓶颈被你抛到了脑后。

需要说明的是，原书的练习是基于英语写作设计的，包括了许多英语中有趣的文字游戏，无法用汉语直接表达。在翻译的过程中，对这类练习进行了相应的改编。举个最简单的例子，一种最常见的英语写作练习就是给出某个字母，要求使用以这个字母开头的单词；在中文版中，练习会要求你使用以这个字母为拼音首字母的汉字。对于有兴趣练习英语写作的读者，也可以简单地将规则置换回去，去寻找以某个字母开头的单词。你会发现，英语中所有妙趣横生的习语、方言、谐音和双关语，中文全都不遑多让，无论使用哪种语言，都不会减损写作的乐趣。

说了这么多，你是不是已经跃跃欲试了？还等什么，马上开始吧！

唐奇

推荐语

“邦妮·纽鲍尔的《会写作的大脑》中包含大量练习，帮助孩子们为想象力热身，清扫大脑中的积尘，同时提供了切合实际的建议和鼓励。”

——哈利·艾弗伦（Hallie Ephron）
《纽约时报》畅销书《晚安，睡个好觉》*(Night Night, Sleep Tight)* 和埃德加奖提名作品《神秘小说创作和出版指南》*(Writing and Selling Your Mystery Novel)* 的作者

“《会写作的大脑》是一座宝藏——从塑造人物、创作故事的超有趣练习，到克服写作障碍的奇思妙想。如果你遭遇了卡壳，如果你正要着手一部新作，或者如果你恰好需要灵光一现，这本书都能帮上忙！”

——雪莉·贝科斯基（Sheree Bykofsky）
文学经纪人，雪莉·贝科斯基联合公司创始人

“那些很难坚持每日练习和挤时间写作的人会发现，《会写作的大脑》是一个令人欣喜的解决方案。这本书提供了许多诱人的挑战，一年中的每一天都能激发创造力和故事灵感。”

——简·弗里德曼（Jane Friedman）
作家、教授

“邦妮·纽鲍尔的《会写作的大脑》充满了生动有趣、催生创意的说明和练习。每个练习都是一次难忘的冒险，点缀着恰到好处的幽默。”

——克里斯·邓迈尔（Chris Dunmire）
创意写作导师、奖励创意门户网站（www.creativity-portal.com）创办者

“很久没有读过这么令人欲罢不能的书了。无论何时你用它来突破瓶颈、强化练习或者寻找乐趣，它都能激发你的创造力，为你的写作过程增加乐趣。这本书也是送给小朋友的完美礼物！”

——詹娜·格拉泽（Jenna Glatzer）
畅销书作家，著有三十余部作品

“通常我对‘写作练习’并不感兴趣——可能是因为它们看起来都一样。直到我看到邦妮·纽鲍尔这本书，然后想：嘿，看起来很有趣！对这本书，你不可能随便翻翻，完全不被吸引——而一旦你上钩了，就会一发而不可收。这本书对那些需要点燃或者重启写作灵感的人都是最完美的选择。”

——莫伊拉·艾伦（Moira Allen）
writing-world.com网站编辑，《自由作家入门指南》
(Starting Your Career as a Freelance Writer) 的作者

“如果你在写作时遇到了困难，你需要《会写作的大脑》。本书中的练习能帮助你点燃创意的火花，突破创作瓶颈。”

——约翰·克雷默（John Kremer）
《图书营销1001法》 *(1001 Ways to Market Your Books)* 的作者

“你在开始写作时遇到过困难吗？以后不会了。拿起《会写作的大脑》，释放你内心的作家自我。这些充满创意、异想天开的日常练习能帮助你迅速进入状态，并且坚持写作。”

——巴德·加德纳（Bud Gardner）
作家，著有《作家心灵鸡汤》 *(Chicken Soup for the Writer's Soul)* 等书

图书在版编目（CIP）数据

会写作的大脑 . 4, 亲爱的日记 : 修订版 / (美) 邦妮 · 纽鲍尔 (Bonnie Neubauer) 著 ; 唐奇编译 . -- 北京 : 中国人民大学出版社 , 2018.7
(创意写作书系)
书名原文 : The Write-Brain Workbook Revised & Expanded 4
ISBN 978-7-300-25759-4

Ⅰ . ①会… Ⅱ . ①邦… ②唐… Ⅲ . ①写作—青少年读物 Ⅳ . ① H05—49

中国版本图书馆 CIP 数据核字 (2018) 第 087962 号

创意写作书系
会写作的大脑 4
亲爱的日记（修订版）
［美］邦妮 · 纽鲍尔　著
唐奇　编译
Hui Xiezuo de Danao

出版发行	中国人民大学出版社		
社　　址	北京中关村大街 31 号	邮政编码	100080
电　　话	010－62511242（总编室）		010－62511770（质管部）
	010－82501766（邮购部）		010－62514148（门市部）
	010－62515195（发行公司）		010－62515275（盗版举报）
网　　址	http://www.crup.com.cn		
	http://www.ttrnet.com（人大教研网）		
经　　销	新华书店		
印　　刷	北京雅昌艺术印刷有限公司		
规　　格	210 mm×276 mm　大 16 开本	版　　次	2018 年 7 月第 1 版
印　　张	7.25	印　　次	2018 年 10 月第 2 次印刷
字　　数	48 000	定　　价	68.00 元